困ったときには図書館へ 2

学校図書館の挑戦と可能性

神代 浩　中山 美由紀　編著

まえがき

本書は私が編著した『困ったときには図書館へ～図書館海援隊の挑戦～』の続編である。前著で私は、文部科学省で公共図書館を担当する社会教育課長時代に立ち上げた、図書館海援隊の取組を紹介した。図書館海援隊とは、住民の課題解決に対する支援を公共図書館に不可欠の機能として推進・発展させようとする、志ある図書館員たちのネットワークである。

実はこの取組を進める中で、彼らにつながる学校図書館の職員の方々とも知り合った。そのうちの一人が、今回共編著をお願いした東京学芸大学附属小金井小学校司書、中山美由紀さんである。初めてお会いしたときから意気投合し、図書館海援隊の活動に対してもたびたび貴重な意見、アドバイスをいただいてきた。

彼女が勤務する学校図書館にお邪魔するたびに思い出すのは、自分が通った小学校の図書室での経験である。幸い私の学校の図書室にはそれなりに本がそろっており、初めて入ったときには別世界に招かれたような気になったものだ。たくさんある本の中から今度は何を読もうか、わくわくしながら選んだことを昨日のことのように覚えている。

しかし、そこに学校司書がいたかどうか、全く覚えていない。いたかもしれないが、本の貸し借りをお願いした以外､言葉を交わした記憶がない。司書教諭に相当する教員（確か「図書の先生」とみんな呼んでいたはずだ）もいたと思うが、その先生とも話をした覚えはない。

あのときもし中山さんのようなスーパー司書に出会っていたら、私の読書生活はもっと豊かな、あるいは意外な方向へ発展したかもしれない。そう思うと、学校図書館に学校司書や司書教諭がいることがいかに重要かを痛感する。彼らは学校教育の中で教員とは違った形で子供たちの人生に大きな影響を与えているのである。

本書は二一世紀型教育、あるいは二一世紀という社会を生きる子供たちのために、学校図書館はどうあるべきかを考えるヒントを提供しようとするものである。

学校図書館について書かれた本は数々あるが、私のように公共図書館行政に携わった者と、中山さんのように我が国の学校図書館をリードする方とが一緒に学校図書館について考えるというのは、意外とこれまでになかった試みではないだろうか。

第Ⅰ部「理論編」では、学校図書館に対する私の素朴な疑問から出発し、その現状と課題、将来目指すべき方向性などについて、学校教育と社会教育（＝公共図書館）の視点から論じてみる。

第Ⅱ部では中山さんの人的ネットワークを最大限に活用し、全国の志ある学校司書や司書教諭などによるユニークな事例を集めてみた。

そして第Ⅲ部では、公共図書館による学校図書館支援という切り口から先進的な事例を集めてみた。

本書が、学校図書館に関わる様々な方々の少しでもお役に立つことを願ってやまない。

神代　浩

目次

第Ⅲ部

あとがき

執筆者一覧

第I部

序章

本編を執筆するにあたって、前著を書いたときと同じように、まずは統計調査によるデータから紹介しようと考えた。しかし、後述するように、学校図書館に関するデータは多いとは言えない。

ではどうしたものかとあれこれ考えるうち、そもそもなぜ「学校図書館」と呼ぶのだろうか？　自分が学校に通っていた頃は「図書室」と呼んでいたのではないか、などなど、素朴な疑問がいろいろ浮かんできた。

種類は違えど図書館に関わる行政を担当した私ですらそう感じるのだから、普通の人々にしてみれば、いきなり「学校図書館」と言われてもピンと来ないに違いない。

ただ、その一方で「学校図書館」という名の下に、戦後から今日に至るまでその普及、発展に向けて情熱を傾けてこられた方々もおられる。

そのような方々と、私を含め「学校図書館」という捉え方にピンと来ない人々との間を何らかの形でつなぐ作業がまずは必要である。その作業こそが、私なりに我が国の学校図書館のあゆみや現状、あるいは課題や目指すべき方向性をまとめる上で最適の手法ではないかと考えた。

そこで、学校図書館をめぐる以下の七つの問いを設定し、これらに答えることで、誰にとってもわかりやすい理論編を提示してみようと思う。

一　なぜ「学校図書館」なのか？
二　学校図書館は何館あるのか？
三　学校図書館の館長は誰なのか？
四　学校図書館にはどんな職員が必要なのか？
五　学校図書館は学校の一部なのか？
六　学校図書館は図書館なのか？
七　学校図書館は学校なのか、図書館なのか？

果たしてうまくいくかどうか？　その判断は読者の皆様に委ねたい。

第1章　なぜ「学校図書館」なのか？

◆なぜ図書「室」でなく図書「館」なのか？

改めて、本書でこれまで「学校図書館」という用語を使ってきたことに違和感を持つ読者は少なくないのではないか、と思う。私もその一人である。

私を含む大多数の日本国民が特に小学生の頃、校舎の一角にある、本がたくさん置かれている部屋のことを、みな何と呼んでいただろうか？　「図書室」「図書ルーム」などと呼んでいた方が大半ではないだろうか？（最近では「メディアルーム」「メディアセンター」と呼ぶ学校もあるようだが。）

自分の街の公共図書館（都道府県立や市町村立のいわゆる公立図書館とほぼ同じと考えてよい）に通ったことのある人であれば、なおさらあのとき入ったのは図書「室」であっても、図書「館」とは感じなかったはずである。なぜなら、大多数の学校の図書室は校舎の一部を構成する部屋の一つに過ぎないように見えるからである。

また、子供の頃に入った図書室では所蔵する本が全て本棚に並んでいたが、公共図書館へ行けば、棚にない本でもお願いすれば書庫から運んでもらって閲覧することができる。

さらに言えば、図書室のカウンターに誰かいたかどうか、についても思い出してみてほしい。授業をする先生とは違う人がいて、本の貸し借りなどをしてもらった方もいれば、図書委員などという肩書きで上級生にやってもらった方もいれば、誰もいなかった、という記憶の方もおられるだろう。これに対して公共図書館では、規模によって数の差はあれ、必ずどこかに職員がいるはずだ。

このように、施設としての独立性、蔵書数の差、職員の有無から考えても、学校にあったのは図書「室」であって、図書「館」ではない、と思うのが一般的な捉え方だろう。

まずはここから話を始めねばならない。なぜあえて「学校図書館」と呼ぶのか?

◆学校図書館の原点～『学校図書館の手引』～

実は、学校図書館の原点とも言うべき本が一九四八年に出版されている。文部省が公共図書館関係者、学校関係者、出版関係者、研究者など各界の協力を得てまとめた『学校図書館の手引』である。全文を国立国会図書館デジタルコレクションで読むことができる(http://dl.ndl.go.jp/info:ndljp/pid/1122721)。

まえがきには次のように書かれている(旧字体のみ著者変更、以下同じ)。

「従来、わが国では、教育施設の一部としての学校図書館が、あまり重視されていなかった。しかしながら、学校図書館は、新しい教育においては、きわめて重要な意義と役割を持っている」

この段階で既に「図書室」ではなく「図書館」と定義されているのである。しかし、当時は現在以上に「学校図書館」という呼称は一般的でなかったと見え、同じまえがきの中でその点についても触れられている。

「小、中学校の場合では、「学校図書室」と言う方が実情に即しているかもしれない。しかし、現に「学校図書館」として経営されているところもあり、将来の発展を予想し、また「学校図書室または図書館」と一々くり返す煩わしさをさけて、ここでは、だいたい「学校図書館」という称呼を用いることとした。」

先に述べたように、この手引の編集に関わった人たちの中には公共図書館の関係者も含まれていた。また、編集作業中に米国の school library の視察も行い、そこで得た知見も反映されている。このような事情から、たとえ始まりは小さな部屋にわずかの本しかなくても、職員が誰もいなくても、本書に書かれた理想を目指して各学校が努力することを期待して、あえて学校図書「館」という言葉を使ったのだろう。編集者たちの高い志が伝わってくる。

経緯は異なるが、『学校図書館の手引』刊行に先立つ一九四六年七月、文部省は戦後復興における地域社会再生の牽引車として公民館の設置促進を次官通牒で自治体に呼びかけた。また同年一〇月には『公民館の建設－新しい町村の文化施設－』が刊行されている。これらの中に示された公民館に対する考え方は、当時公民教育課長だった寺中作雄の名前を取って「寺中構想」と呼ばれる。『学校図書館の手引』を読みながら、「寺中構想」に似た熱気をこの手引から感じるのは私だけだろうか?

◆全国学校図書館協議会創立

『学校図書館の手引』は五章、一二〇ページにわたって、各学校が目指すべき学校図書館のあり方を詳細に示している。

第一章　新教育における学校図書館の意義と役割
第二章　学校図書館の組織
第三章　学校図書館の整備
第四章　学校図書館の運用
第五章　学校図書館を中心とする学習活動の例とその評価

文部省はこの手引を出版しただけでなく、各地で教育関係者向けの講習会を開いた。ここで「学校図書館」という新しい考え方が全国に広まり、講習会に参加した教員を中心に一九五〇年立ち上げられたのが全国学校図書館協議会（以下「全国ＳＬＡ」という。）である。創立時の宣言では「学校図書館が民主的な思考と、自主的な意思と、高度な文化とを創造するため教育活動において重要な役割と任務をもっている」と謳っている。

比較するのもおこがましいが、私が公共図書館の職員に呼びかけて図書館海援隊を結成したのが二〇一〇年。その六〇年も前に学校図書館の世界においては、やはり当時の文部省の呼びかけで学校図書館の「海援隊」ができていたのである。

◆学校図書館法の制定

その後全国ＳＬＡなどの働きかけを受けて、一九五三年に議員立法で制定されたのが学校図書館法である。

『学校図書館の手引』第一章の冒頭では、「学校図書館は、生徒と教師に対して、調査・レクリエーションおよび研究のための手段を提供する目的をもって、学校に設けられた読書施設である。」と記されている。これに対し、学校図書館法では第二条で学校図書館を以下のように定義している。

「この法律において「学校図書館」とは、小学校（略）、中学校（略）及び高等学校（略）（以下「学校」という。）において、図書、視覚聴覚教育の資料その他学校教育に必要な資料（以下「図書館資料」という。）を収集し、整理し、及び保存し、これを児童又は生徒及び教員の利用に供することによつて、学校の教育課程の展開に寄与するとともに、児童又は生徒の健全な教養を育成することを目的として設けられる学校の設備をいう。」

『学校図書館の手引』における定義の骨組みにしっかりと肉付けされているのがわかる。

制定当初の学校図書館法は三章一五条から成っていた。第一章（第一条から第七条）では学校図書館に関する基本的な事項が定められ、第二章は学校図書館審議会に関する規定、第三章は地方公共団体が進める学校図書館の設置や図書の整備に対して国が一定の要件の下で支出する負担金に関する規定が置かれた。

現在第二、三章の規定は削除され、学校図書館に関する中核的な内容のみが定められている。

制定当初より、学校図書館法に定められた内容と現実との間にはギャップがあり、その後の学校図書館の歴史はそのギャップを埋めていくためのたゆまぬ努力の歴史であるとも言える。

第2章　学校図書館は何館あるのか？

◆学校図書館数＝学校数？

公共図書館の数は、社会教育調査という統計法上位置付けられた調査により、一九五五年以降ほぼ三年ごとにその推移を把握することができる。

では、学校図書館は全国に何館あるのだろうか？　これについて、少なくとも統計調査上のデータはない。しかし、学校図書館法第三条には「学校には、学校図書館を設けなければならない。」と規定されている。ということは、学校図書館数＝学校数と考えればよいのだろうか？

◆公共図書館数と学校図書館数

学校の数は一九四八年以降毎年度行われている学校基本調査という統計調査で調べることができる。そこで、社会教育調査が行われた年度の公共図書館数と学校数とを比較すると次のようになる。

図1　公共図書館数と学校数の推移

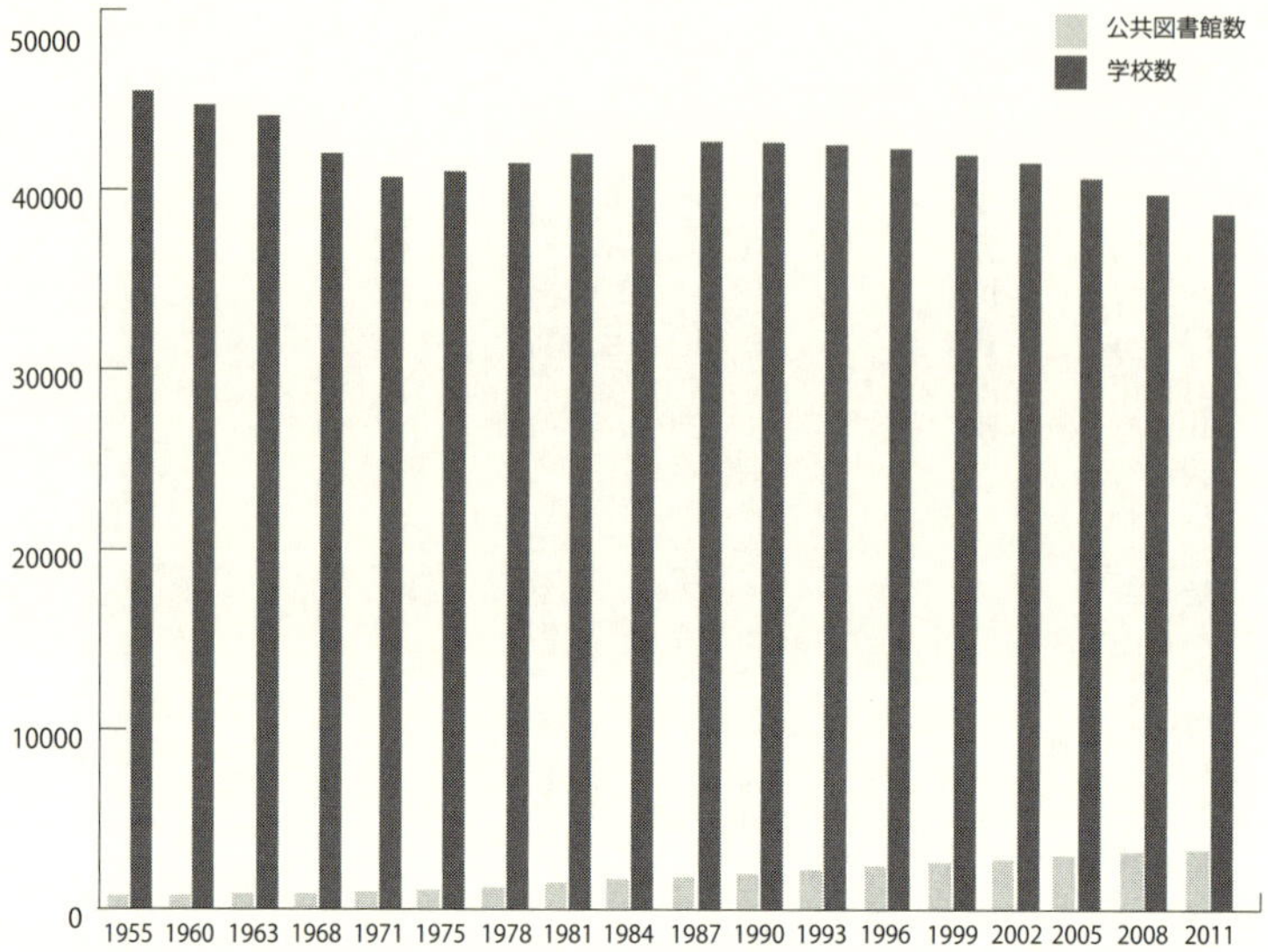

（注）公共図書館数は都道府県立、市町村立、組合立、民法第三四条の法人（2011年以降は一般社団法人・一般財団法人・特例民法法人）立の合計。学校数は1955～1996年は小学校、中学校、高等学校、盲学校、聾学校、養護学校の合計。1999年以降は中等教育学校を追加。2008年以降は調査対象を盲学校、聾学校、養護学校から特別支援学校に変更。

このグラフ（図1）から一目瞭然だが、公共図書館よりも学校の方が圧倒的に数が多い。特に戦後からちょうど一〇年の一九五五年の段階で、公共図書館はわずか七四二館であったのに対し、学校は四五〇〇〇校を超えている。単純計算すれば、公共図書館の約六〇倍である。

　しかし、当時全ての学校に豊富な蔵書をそろえ、職員が常駐する学校図書館が整備されていたわけではない。では、学校図書館の実数をどう見ればよいのだろうか？

図2　学校図書館図書標準を達成している小中学校の割合

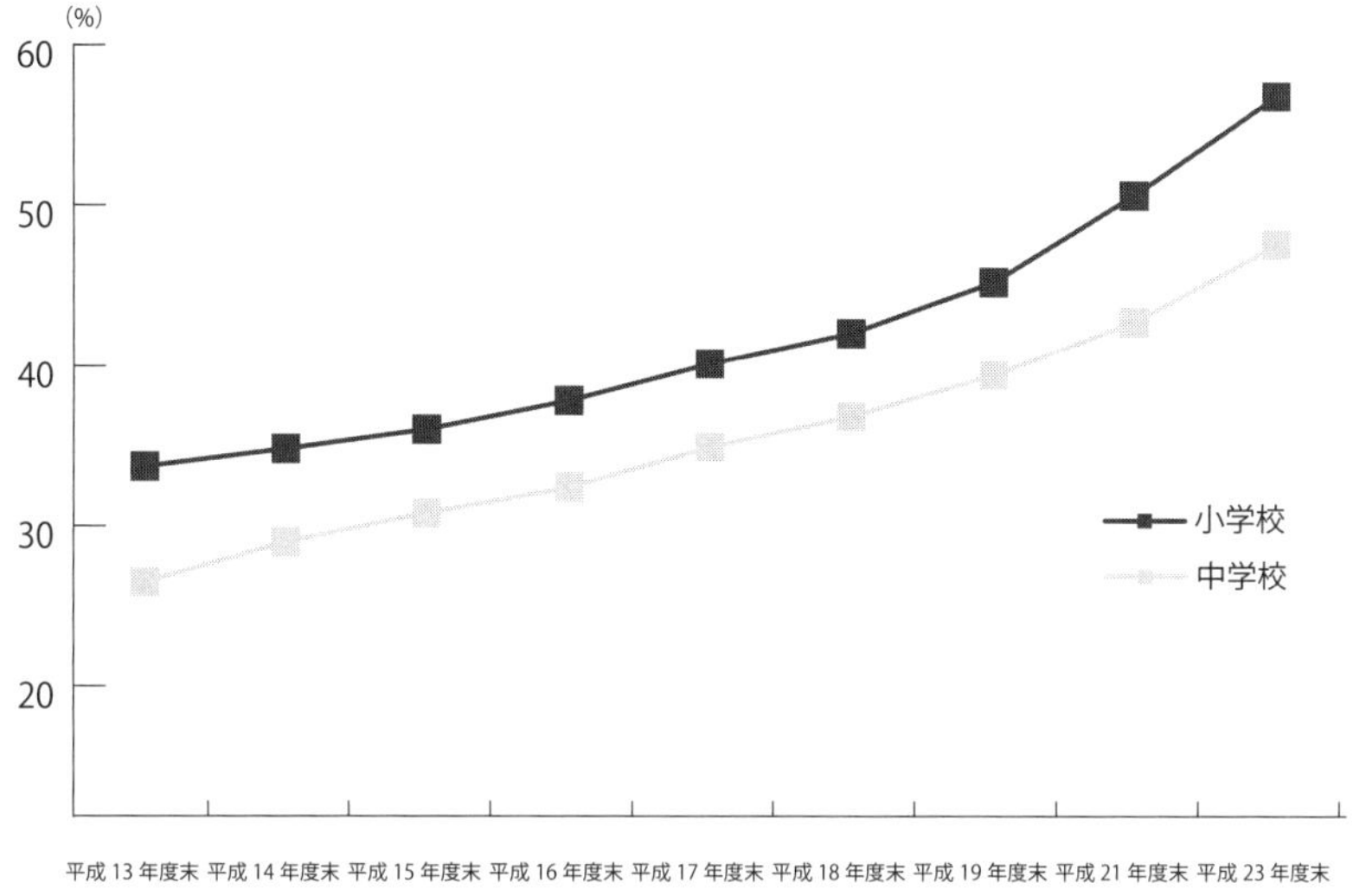

（注）学校図書館の現状に関する調査（2007年以降は隔年実施）

◆学校図書館図書標準

時代は飛ぶが、一九九三年文部省は学校図書館図書標準（http://www.mext.go.jp/a_menu/sports/dokusyo/hourei/cont_001/016.htm）を定めた。これは、公立義務教育諸学校（小学校、中学校、盲聾養護学校の小学部、中学部）の学校図書館に整備すべき蔵書冊数の標準を定めたものである。冊数は学級数に応じて計算式が定められており、例えば小学校で一八学級（一学年三学級）の場合は一〇、三六〇冊、中学校で一五学級（一学年五学級）の場合は一〇、七二〇冊などとなる。

そして、二〇〇一年以降、この標準に達している学校がどれくらいあるかについても調査しており、その推移は上（図２）の通りである。

◆公共図書館より身近な学校図書館

学校図書館が実質的に図書館と言えるかどうかについては、蔵書冊数だけでなく職員の有無など様々な要件を勘案する必要があるが、ここでは仮に、学校図書館図書標準を達成している学校には、実質的に学校図書館が整備されているとして整理することにする。

その上で、例えば二〇〇二年における公共図書館数と学校図書館数を比較すると、次のようになる。

公共図書館数：2，742館

学校図書館数：小学校数23，808校×34．8%＋

中学校数11，159校×29．0%＝

約11，521校

これでも学校図書館数の方が四倍以上多い。

これ以前の状況についてデータで示すのは困難だが、戦後一貫して公共図書館の数より学校図書館の数が多い状況が続いてきた、ということはおそらく間違いないだろう。

◆人生で初めて利用する図書館

少し考えれば当たり前のことではあるが、公共図書館より学校図書館の方が圧倒的に数が多いという事実を、当の学校の教員たちはどの程度自覚しておられるだろうか？

言い換えれば、部屋の大きさ、蔵書冊数、本棚の数、職員の有無など環境は様々であったにせよ、子供たちが学校図書館を利用する機会は、公共図書館を利用する機会よりはるかに多い。しかもその状況は戦後から今日に至るまで一貫して続いているということである。

戦後教育の中で子供たちは、濃淡の差はあれ、学校図書館を利用する経験を経た上で大人に成長してきた。少なくとも利用する機会はあったはずである。ということは、時代が進むにつれて我が国で図書館を利用する経験をしたことがある大人がだんだん増え、現在では大半を占めるに至っているということである。

その意味で学校図書館は子供たちにとって「人生で初めて利用する図書館」なのである。この重みを、学校図書館、公共図書館を問わず、我が国の図書館関係者はもちろん、学校の教職員や親たちもしっかり理解しておかねばならない。この認識を共有するだけでも、学校図書館に対する見方、取り組み方は相当違ってくるはずである。

第3章　学校図書館の館長は誰なのか？

◆学校図書館の館長は校長

図書館には館長がいる。これは公共図書館であろうと私立図書館であろうと違いはない。

では、「学校図書館」と言うからには館長がいるはずである。それは誰か?

『学校図書館の手引』では、「第二章　学校図書館の組織」「第一節　設置の基準」「二　人の構成とその運営」の中で、「校長は、図書館の運営について学校全体の立場から、よき助言者であり助力者とならなければならない。」とある。学校図書館法上に規定はない。

しかし、学校教育法第三十七条第四項には、「校長は、校務をつかさどり、所属職員を監督する。」とある。

これは、校長が学校の経営に責任を有する根拠となる規定とされている。学校図書館が学校の設備の一部である以上、その環境整備や経営に責任を持つのは校長ということになる。したがって、学校図書館の館長は校長と考えるのが適切である。

◆校長によって変わる学校図書館

てなこと言われても「ええー、本当にそうなの？」と思われるだろう。校長は他の業務もあるから学校図書館へ顔を出すことはめったにないし、普段学校図書館にいるのは学校司書や司書教諭だし、実質的に学校図書館を動かしているのは彼らである。後述するように学校司書は非常勤が大半だから、司書教諭が実質的に館長と言ってもいいのではないか？　という見方もあるかもしれない。

しかし、そのような職員の配置だけでなく、蔵書の選定や児童生徒に対するサービスなどなど、学校図書館に関する全ての事柄について、最終的に責任を負うのは校長以外ありえない。

実際学校現場でしばしば起こるのは、校長が変わると学校図書館の環境や取組が変わることである。これは、校長が学校図書館に対して責任を負っているからこそ起こる現象である。

校長も人間である以上、学校図書館に対する考え方に違いが出てくるのはある程度致し方ない面はある。でも、これからの学校教育の目指すべき方向性を考えるとき、学校図書館を日々の教育活動の中でどう位置付けるのか、あるいは学校経営をスムーズに行うために学校図書館の経営をどうするのか、さらに言えば、教員の指導改善に学校図書館をどう活かすのか。校長の視点から学校図書館に対して目を配ってほしい場面は少なくない。

◆公共図書館と校長

話は少し脱線するが、校長にとって意外なつながりがあるのが公共図書館である。公共図書館の館長に現職または退職した校長が起用される事例が目立つからである。

これ自体は決して悪いことではない。学校経営に顕著な業績を挙げた人物であれば、同じ公共教育機関である図書館の館長に就任するのは適材適所と考えられる。もし校長時代に学校図書館の充実に尽力した人であればなお好ましい。

問題は、館長を定年間際のいわゆる「あがり」のポストと位置付けて校長経験者を配置する場合である。本人は無難に過ごそうとするだろうから、意欲ある司書たちにとってはやりづらい場面が多いと思われる。

◆学校経営計画、校務分掌、学校評価と学校図書館

話を戻すと、学校図書館の館長である校長にはどのような役割が求められるのだろうか。これは、学校経営者としての校長の役割と基本的には同じである。

すなわち、二〇〇八年に閣議決定された教育振興基本計画で示された、教育施策におけるＰＤＣＡサイクルの実践という基本的な考え方に沿って、各学校においても、経営計画を立て、これを実践するための校務分掌（教職員への仕事の割り振り）を適切に行い、実践した後には評価を行う、といった一連の取組が求められる。

このような学校経営におけるＰＤＣＡサイクルの中に学校図書館も位置付けられねばならないのは当然のことである。

これは公共図書館の館長が果たすべき役割と基本的には全く変わらない。ただ、学校の長である校長に、学校図書館の館長でもあるとの意識をどう持たせるか、については次章で述べる学校図書館の職員の働きかけが重要になる。

第4章　学校図書館にはどんな職員が必要なのか？

◆職員あっての学校図書館

本書の読者の皆様には申し上げるまでもないことだが、学校図書館が文字通り図書館としての機能を果たすためには、資料が豊富なだけでは不十分である。資料を適切に管理し、児童生徒や教員が有効に活用できるように支援する職員の存在が不可欠である。

しかし、さすがに近年は少なくなったと思うが、本が保管してあるだけで休み時間以外は鍵が閉められているような学校図書館もかつては珍しくなかったと聞く。その一方で、仮に教育委員会が職員配置の必要性については認識していても、実際には財政上の理由などで配置が難しく、やむなく保護者などがボランティアで最低限の業務のお手伝いをしているところはまだまだ多い。

◆司書教諭と学校司書

次に、学校図書館においてどのような職員をどれくらい配置すればいいのか、について考える。

その際に必ず出てくる素朴な疑問がある。学校図書館に配置すべき職員として、なぜ司書教諭と学校司書の二種類が必要なのか、ということである。

これについて『学校図書館の手引』では、「第二章　学校図書館の組織」「第一節　設置の基準」「二　人の構成とその運営」において、以下のように記されている。

「学校図書館はいかに小さい規模のものであっても、形の上からは司書・事務員の二つの職制が必要である。司書は教師の中から選ばれ、学校図書館の経営に全責任をになう。」

事務員について特に定義はないが、将来学校の設備と経営が許せば少なくとも高等学校では専任の司書や事務員を置くべき、小中学校では当面児童生徒に事務を担わせ、いずれ図書館経営についての講義を受けた教員が司書として兼任する、といった内容のことが記されている。

他方、現在の文部科学省のウェブサイト（http://www.mext.go.jp/a_menu/shotou/dokusho/sisyo/1360933.htm）には、公共図書館の司書も含めた比較表がある。これに基づき私なりに整理したのが次ページの表である。

これまで、学校図書館をできるだけ学校教育と社会教育の視点から見るように努めてきたが、この視点の違いが最も顕著に現れるのが職員に対する考え方であると言っても過言ではない。

	司書教諭	学校司書	（公共図書館の）司書
設置根拠	・学校図書館法第五条第一項「置かなければならない。」 ・附則第二項に特例 ・学校図書館法附則第二項の学校の規模を定める政令 ＝ 12 学級以上の学校には必ず置かなければならない。(11学級以下の学校については当分の間設置を猶予)	・学校図書館法第六条第一項「置くよう努めなければならない。」	・図書館法第四条第一項「図書館に置かれる専門的職員」＝必ず「置かなければならない」とまではされていない
位置付け	【業務】 ・学校図書館法第五条第一項＝学校図書館の専門的職務を掌る 【職種】 ・学校図書館法第五条第二項＝主幹教諭、指導教諭又は教諭をもって充てる	【業務】 ・学校図書館法第六条第一項「専ら学校図書館の職務に従事する」 【職種】 ・学校教育法第三七条第一四項等に定める「事務職員」または同条第二項に定める「その他必要な職員」に相当	【業務】 ・図書館法第四条第二項「図書館の専門的事務に従事する。」 【職種】 ・地方教育行政の組織及び運営に関する法律第一八条第一項に定める「事務職員」または「所要の職員」に相当
資格	・学校図書館法第五条第二項「司書教諭の講習を修了した者」	※制度上の資格の定めなし～各地方公共団体における採用時には、それぞれの実情に応じ、司書資格や司書教諭資格、教諭免許状、相当実務経験等の資格を求める等の資格要件を定めて、学校司書を募集。 （ただし、実際には要件を定めずに募集する場合もある）	・図書館法第五条第一～三項 (1) 大学（短大を含む）または高専を卒業した者で司書の講習を修了した者 (2) 大学（短大を含む）で、文部科学省令で定める図書館に関する科目を履修し、卒業した者 (3) 3 年以上司書補（相当、同等以上と法令で定める職を含む）としての勤務を経験した者で司書の講習を修了した者
給与等の負担	・公費負担	・公費負担及び一部私費負担	・公費負担 ＝国は、都道府県・市町村の人口規模に応じ、公立図書館職員の給与費について地方財政措置
国による定数措置	・教諭等について定数措置 ＝司書教諭のための特別の定数措置はなし（司書教諭は教諭等の定数の中で配置）	・学校事務職員の複数配置により、一定規模以上の学校（の一部）について定数措置	
勤務形態	・常勤	・常勤又は非常勤	・常勤又は非常勤

◆司書教諭＝学校図書館の教育への活用を担当する教諭

司書教諭は一九五三年制定の学校図書館法の中で最初から規定があり、「置かなければならない。」とされていたが、附則第二項により「当分の間」「置かないことができる」とされた。この附則のおかげで実際にはなかなか司書教諭の配置は進まなかったのだが、関係者が長年努力を重ねた結果、一九九七年の法律改正等により、一一学級以下の学校を除き、置かないことができる猶予期間は二〇〇三年三月三一日まで、すなわち同年四月一日以降は必ず置かねばならないこととなったのである。

言うまでもないことだが、司書教諭は教諭である。教諭は授業を受け持つ以外にも学校教育を円滑に実施する上で必要な様々な職務を担当する。その意味では、司書教諭は学校図書館を担当する教諭と言い換えることができる。

学校図書館法において司書教諭は「学校図書館の専門的職務を掌」ると定められている。ここで言う「専門的職務」には二種類のものが考えられる。

第一は、学校図書館の館長である校長の下で、学校図書館の経営計画の立案、校長の決裁を経た計画の実施、図書館利用に関する諸規程・基準の立案、校内外諸機関との連絡調整など、学校図書館の経営に関わる職務である。

第二は、日々の教育活動における学校図書館の活用に関する計画の立案、実施や、各学級あるいは各教科の担任教諭が作成する指導計画に対する学校図書館活用の観点からの助言、実際の授業において学校図書館の資料等を利用する際の支援など、学校教育における学校図書館の活用に関わる職務である。

この二つの職務は密接不可分の関係にある。学校図書館の経営がしっかりしていないと授業への活用がスムーズにいかないし、授業における学校図書館の活用に対する需要が伸びればより計画的、安定的な経営が求められることになる。

しかし、実際には教科書や補助教材だけに頼って指導しようと考える教諭がまだまだ多数派であろう。指導の改善に熱心な教諭であっても、書店やネットで入手できる教材に関心を持っても、学校図書館にある資料を活用しようという発想に乏しい場合が多い。

そのような教諭たちに対して、より効果的な指導を行うために学校図書館の活用という選択肢があることを気付かせ、彼ら自身の情報活用能力を育成するとともに年間指導計画や指導案を作成する段階から学校図書館の活用を組み込むように、彼らの行動パターンを変えていくのが司書教諭の最大の任務であると言えよう。

◆学校司書＝学校図書館の環境を整備し利用を支援する専門職員

これに対して学校司書については、高校を中心に教育委員会の判断で配置する例が徐々に広がる一方で、長らく法律上の位置付けはなかった。学校図書館法で学校司書が位置付けられたのは、ようやく二〇一四年の改正においてである。ただし、司書教諭のように必置ではなく、配置は努力義務とされている。

学校司書の職務だが、学校図書館法第六条第一項では「専ら学校図書館の職務に従事する」とされている。

この規定は司書教諭の職務に関する規定と対比して解釈する必要がある。すなわち、「専ら学校図書館の職務に従事する」とは、教諭として学校図書館以外の職務を担当する可能性がある司書教諭と異なり、学校司書は学校図書館に関する職務だけに専念する職員であることを定めているのである。

ただ、この規定を読んだだけでは、具体的に学校司書の職務がどのようなものであるかを理解するのは困難である。

しかし、司書という名が付いているのであるから、少々強引かもしれないが、図書館法における司書の役割を学校司書は学校図書館において果たすと考えて間違いないだろう。

図書館法においても司書の職務が具体的に書かれているわけではないが、図書館の努力義務として実施することが求められている業務としては、

① 資料の収集、提供
② 資料の分類、目録の整理
③ 資料利用の相談への対応（いわゆる「レファレンスサービス」）
④ 時事に関する情報の提供

などが挙げられている。

これに倣って考えれば、学校司書は、学校教育を効果的に実施できるように、あるいは児童生徒の学習活動のプラスになるように、これらの職務を行うと考えればいいだろう。

◆司書教諭と学校司書が一緒に取り組むべき職務

ただ、両者の職務をきれいに切り分けることは困難である。例えば、選書である。学校図書館にどのような資料を置くかについて、司書教諭は学習指導要領や教科書など学校の教育内容に応じて選書することに長けている。これに対して、学校司書は世の中で出版されている本などの資料の中から日々の授業に役立つようなものを選ぶことに長けている。

二人が異なる観点から選んだ資料には一致しないものも出てくるだろう。その際うまく調整できるかどうか、が問われることになる。

中には自分が選んだ本を学校司書は指示されたとおりに注文すればいいと思っている司書教諭もいるだろうし、逆に学校司書に選書を完全に任せている場合もあるかもしれない。しかし、先に述べたような異なる視点が選書作業には持ち込まれるべきだし、それは公共図書館にない学校図書館の強みでもある。

この関連で一つややこしいのは、学校図書館法の司書教諭に関する規定と図書館法の司書の規定が似ていることである。司書教諭は「学校図書館の専門的職務を掌」るとされているのに対し、司書は「図書館の専門的事務に従事する」とされている。文面上意味するところはほとんど変わらないように見える。

しかし、そのことをもって、司書教諭が学校図書館に関わる全ての職務を担当しなければならないと考えているとしたら、それは誤解であろう。二〇一四年の法改正で学校司書が法的に位置付けられるようになったからには、司書教諭と学校司書はそれぞれの役割を果たしながら、相互に連携協力することで、学校図書館の機能を十二分に発揮させることが求められているのである。

そのような連携協力が求められる職務としては、選書のほか、授業等における資料の提供、児童生徒の資料活用に対する助言・指導、児童生徒や教員、保護者からのレファレンスサービスへの対応などが考えられる。

第5章　学校図書館は学校の一部なのか？

これまでの問いに対する私なりの答えを前提に、改めて根本的な問いに立ち返ることにしよう。すなわち、学校図書館は学校なのか、図書館なのか？

この問いについて考える手順として、問いを二つに分ける。すなわち、まず学校図書館は学校なのか？　学校教育の観点から学校図書館を捉え直してみる。この観点からは、大きく分けてハード面とソフト面から考える必要がある。

第一節　ハードとしての学校図書館

◆学校図書館整備の基準

ここでいう「ハード」とは、建物だけでなく図書などの資料、本棚などの備品を含めた物的条件、といったイメージで考える。

『学校図書館の手引』においては、学校図書館の規模について「全校生徒の5％から15％ぐらいまでの生徒が、いっしょに読書しうる室が必要であろう。」と記されている。そして、「理想的図書館施設」に備えるべき設備として、読書室の他に整理室と小集会室を挙げ、設計図まで示している。この他、書架、椅子、机はどのようなものがいいかについて説明があり、備品の一覧表、さらには採光と照明や衛生上の諸問題への対応についてまで、詳細に記されている。「学校図書館はあらゆる角度からくふうをこらして、校内における最も魅力のある楽しい場所としたいものである。」とある。

◆学校施設の復旧、新設と学校図書館の整備

しかし、学校施設を取り巻く状況は当時誠に厳しいものがあった。文部省の幹部・元幹部と教育分野の研究者による編集委員会が一九七二年にまとめた『学制百年史』によると、一九四五年秋の調査で、戦災による学校施設の被害面積は、国公私立合わせて約九三〇万平方メートル、被災学校数は三、五五六校にのぼった。このうち公立学校の被害は約六八六万平方メートルに及び、二〇〇万人以上の児童生徒が教室を失ったことになる。

その後復旧事業が行われたものの、一九五二年度までに公立学校で復旧したのは被災面積の四一%にとどまり、完全な復旧までにはさらに一〇年を要した。その一方で新制中学校の校舎建設に要する予算の確保も大きな課題であった。

このような状況の中で学校図書館を整備するのに相当の困難を要したであろうことは、容易に推察される。

一九四九～五〇年にかけて小中学校の建物に関する建築規格が整備され、一九五三年には学校施設関係の整備に法的根拠を与える法律が制定され、教職員の給与とともに施設・教材に要する経費についての国庫負担制度が確立した。

◆図書、設備の整備

次に学校図書館に備える図書や設備についてであるが、一九五二年義務教育費国庫負担法が制定され、翌年度から義務教育諸学校における教材に要する経費の一部が国庫負担されることになった。

学校図書館の図書及び設備に要する経費も当初この中に含まれていたが、一九五三年の学校図書館法制定に伴い、第一三条において「国は、地方公共団体が、その設置する学校の学校図書館の設備又は図書が審議会の議を経て政令で定める基準に達していない場合において、これを当該基準にまで高めようとするときは、これに要する経費の二分の一を負担する。」と定められた。これに伴い、翌年度から学校図書館の図書及び設備に対する国庫補助金が上記教材に対する国庫負担金から振り替えられることになった。

この補助金により図書、書棚、カードケースに対する支援が行われた。その結果、整備目標を達成したとして、小中学校については昭和三二年度で負担が打ち切られ、以後は教材費の国庫負担金に含めて措置することとした。高等学校についても昭和三三年度をもって負担を打ち切った。

この後、文部省はベビーブーム世代の入学に伴う児童生徒の急増への対応に追われることになる。学校施設、教職員、教材について拡充が図られたが、学校図書館についてもこれらの仕組の中で曲がりなりにも整備されていった。その一方で一九六〇年代以降学校図書館は新たな課題に直面することになる。これについては後述する。

◆学校図書館の位置

さて、学校図書館に関心のある人が学校を訪問する際、まず注目するのが学校図書館の位置であろう。その学校がどのような教育方針を有し、それを実現するために学校図書館をどう活用しようとしているのか（あるいは、いないのか）、がすぐにわかるからである。

自分が通っていた学校を思い出すと、例えば小学校の中で学校図書館（図書室）と言えば、音楽室などと並んで、校舎の隅の方に位置していたはずである。しかも、音楽室では音を出しても他の教室に極力影響がない位置、図書室は静かに本が読める環境にある位置がそれぞれ望ましいとなると、確か両者は校舎の両端に離れて置かれていたのではないかと思う。

ちなみに私が通った小学校は私が二年生のときに古い校舎から新築の校舎へ移転したが、覚えているのはもちろん新校舎の方である。当時（一九六〇～七〇年代）はそのような構造の校舎が一般的ではなかったかと思う。

しかし、一九八〇年代以降様々な工夫を凝らした校舎が各地で整備されている。学校図書館についても、一階の中央部分、児童生徒の出入口や職員室の隣りに置かれている校舎もしばしば見かけるようになった。

例えば、中山美由紀さんがお勤めの東京学芸大学附属小金井小学校では、一階の昇降口からすぐ、職員室と保健室の並びに学校図書館が置かれて、通り抜けできるようになっている。私の住む東京都狛江市にある緑野小学校も玄関・昇降口からすぐのところに、コンピュータ室とつながる学校図書館がある。少し大げさかもしれないが、学校図書館がこれらの学校では中心にデンと構えていると見ることもできるのである。

第二節　ソフトとしての学校図書館

次にソフトとしての学校図書館を考えるが、職員など人的条件に関することは既に書いたので、ここでは教育課程との関連を中心に、学校の教育活動を効果的に進めるためのサービスのあり方を中心に論じたい。

◆戦後教育改革と学校図書館

『学校図書館の手引』のまえがきには「学校図書館は、新しい教育においては、きわめて重要な意義と役割を持っている。」と記されている。ここで言う「新しい教育」とは、もちろん占領下における教育改革を指しており、具体的内容はＧＨＱの指令や第一次米国教育使節団報告書を踏まえて文部省が一九四六年五月に刊行した『新教育指針』に詳細に示されている。これも全文を国立国会図書館デジタルコレクションで読むことができる(http://dl.ndl.go.jp/info:ndljp/pid/1281779)。

ここでは前編で「新日本建設の根本問題」として軍国主義及び極端な国家主義の除去などが指摘され、平和的文化国家建設のために果たすべき教育者の使命が記されている。後編「新日本教育の重点」では、個性尊重の教育、公民教育の振興、女子教育の向上、科学的教養の普及、体力の増進、芸能文化の振興などが挙げられている。『学校図書館の手引』第一章では「学校図書館は学習指導の中心とならなければならない。」とあり、さらに学習指導の目的として、以下の八点が示されている。

1　個人個人の人格を発展させること
2　独立してものを考える力を発展させること
3　問題を独立して考える態度を発展させること
4　図書館および公私の読書施設を利用する能力と技術とを発展させること
5　社会的良識と理解とを発展させること
6　図書に対する愛好の念を養い、調査上の目的や、教養や人格の向上のため、また楽しみのために読書し、さらに読書を終生の習慣として発展させること
7　好ましい、そして批判的な習慣を発展させ、書物の中にある材料を利用する慣習を養うこと
8　文献・目録・地図・統計その他いろいろの図表を作る能力を養うこと

これらの目的が、二一世紀を生きる私たちにとって、ほとんど何の違和感もなく受け入れられることに驚きを感じる人は少なくないだろう。

◆学校図書館と占領期の学習指導要領

新教育指針に示された方向性は、一九四七年に成立した教育基本法によって教育の基本原理、学校教育法によって学校体系という形で固められた。

学校教育法において小中高校の教科に関する事項については文部大臣が定めることとされ、新しい教育課程の基準として同年、試案という形ではあるが学習指導要領が定められた。

この中では、国語科編の「第四章　中学校国語科学習指導」の「第六節　文学」の中に「五　学級文庫および学校図書館」という項目があり、以下のように定められている。

「文学の学習指導において、読書の興味をやしない、広く読ませることが強調されてきたが、これは書物なしには不可能である。現在の事情ではははなはだ困難なことであるが、ここに理想的な文学教室を心にえがき、学級文庫や学校図書館の設置・充実をすすめたい。

(一)　理想的な文学教室。

生徒たちは机をかこんで先生といっしょに読書を楽しんでいる。時には説明を聞くために、全生徒が黒板の方を向く。時には自分自分の机で読んでいる。書だなには本がならんでいる。好きな本をとりだして、ぬき書きをしたり、詩をあんしょうしたりする。脚本を読んでみんなでいっしょに演出についてくふうしたりする。全体として読むことがたのしみであるようなふんいきに満たされている。

(二)　学級文庫。

各学級がいろいろな方法で書物を集める。生徒がもち寄ったり、金をだしあって買ったり、先生がもって来たりする。本は千さつ近くあれば理想的である。その内容としては、詩・伝記・歴史・短編小説・美術・スポーツ・旅行・科学物語・戯曲など。新聞・雑誌もそなえる。

（三）　学校図書館。

各学校に学校図書館があるのが理想である。市町村の基金や、篤志家の寄附や、父兄からの寄附で建てる。書物を自由に選び、自由に読む。生徒自身の手で管理する。辞書や参考書もそなえつけておく。

学級文庫、学校図書館にそなえつけるべき書物について、文学教育の立場から詳細な目録をかかげ、各学年の読書指導に資すべきであるが、現下の図書事情ではそれはなかなか困難である。」

また、人文地理編Ⅰの中でも「学校図書館には地図帳と統計書・年鑑類は是非そなえられたい。これは他の学科にも共通に利用できるであろう。」との記述がある。

しかし、これらを読む限りでは、学校図書館を日々の教育で活用する場面は限定されているように見える。『学校図書館の手引』における考え方が必ずしも反映されているとは言えない。

◆学習指導要領の改訂と学校図書館

一九五二年四月、サンフランシスコ平和条約の発効により、我が国はようやく独立国の地位を回復した。これに伴い、学習指導要領も真に我が国の教育内容の基準としてふさわしいものとすべく、改訂作業が行われた。その結果、小中学校の学習指導要領は一九五八年、高等学校の学習指導要領は一九六〇年にそれぞれ全面改訂され、文部省告示として法的拘束力を有することとなった。

これらの改訂では全ての教科・科目・特別教育活動等に共通する総則が設けられた。小中高いずれの学習指導要領の総則においても、教科等の指導の留意点として、以下の記述がある。

「教科書その他の教材、教具などについて常に研究し、その活用に努めること。また、学校図書館の資料や視聴覚教材等については、これを精選して活用するようにすること。」

また、小学校学習指導要領の国語においては、第二学年で「学級文庫の利用のしかたがわかること」、第四学年で「学校図書館の利用のしかたがわかること」をそれぞれ指導することが望ましいとされた。中学校・高等学校の学習指導要領ではここまで具体的な記述はないが、小学校四年生以上は学校図書館を利用できることを当然の前提として指導内容が記載されていると考えるべきだろう。

その後一九六八年の改訂では、総則において「学校図書館を計画的に利用する」と記載された。また、小学校国語においては「第3　指導計画の作成と各学年にわたる内容の取り扱い」の中で、「読むことの指導については、日常における児童の読書活動も活発に行なわれるようにするとともに、他の教科における読書の指導や学校図書館における指導との関連をも考えて行なうこと。」とされ、全学年をカバーするようになった。

さらに、「第4章　特別活動」「第2　内容」〔学級指導〕「2　内容」においては、

「学級指導においては、学校給食、保健指導、安全指導、学校図書館の利用指導その他学級を中心として指導する教育活動を適宜行なうものとする。」

と記されている。学級指導の目標は「学級における好ましい人間関係を育てるとともに、児童の心身の健康・安

全の保持増進や健全な生活態度の育成を図る」ことにあるので、学校図書館の利用指導は、教科指導だけでなく生活指導の一環としての意味合いもあることがわかる。この記述は一九八九年の改訂で「学級指導」が「学級活動」というカテゴリーに変更された以降も維持されている。

中学校学習指導要領にも同様の記述があるほか、同年の改訂では高等学校の学習指導要領の「第3章　特別活動」のホームルーム活動の中でも「学校図書館の利用」という文言が盛り込まれた。

特別活動は全ての教員が行うものである。しかし、特別活動で取り扱うべき活動の中に学校図書館の利用が含まれていると自覚している教員はどれだけいるだろうか?

その後教科指導の面で注目しなければならないのは、いわゆる「ゆとり教育」と呼ばれた一九九八年の改訂である。学校図書館関係者にすれば、司書教諭配置の猶予規定を一部撤廃する一九九七年の学校図書館法改正以降初めての改訂であり、大いに注目された。

このとき、総則については以下のように定められた。これは二〇〇八年改訂の現行学習指導要領でも変更されていない。

「学校図書館を計画的に利用しその機能の活用を図り、生徒の主体的、意欲的な学習活動や読書活動を充実すること。」

より重要なのは、小学校国語の「第3　指導計画の作成と各学年にわたる内容の取扱い」の中で追加された以下の一文である。

「各学年の内容の『A話すこと・聞くこと』、『B書くこと』及び『C読むこと』の言語活動の指導に当たっては、学校図書館などを計画的に利用しその機能の活用を図るようにすること。」

ここで初めて、読むことに限らず、国語における指導内容全般について学校図書館を活用する方針が示されたのである。この考え方は現行の学習指導要領にも受け継がれている。

なお、総則については、二〇〇三年の改訂の際「第3　総合的な学習の時間の取扱い」の中で次の一文が追加された。

「学校図書館の活用、他の学校との連携、公民館、図書館、博物館等の社会教育施設や社会教育関係団体等の各種団体との連携、地域の教材や学習環境の積極的な活用などについて工夫すること。」

総合的な学習の時間の趣旨からすれば当然の記述である。現行の学習指導要領では「第5章　総合的な学習の時間」の中に同じ文章がある。

以上、学校図書館の学習指導要領上の位置付けの変遷について整理したが、学校図書館の経営に関わる司書教諭、学校司書はもちろん、全ての教職員にとっても押さえておいてほしい事柄である。

◆学校図書館受難？　の時代

その一方で、学校の現場における実質的な学校図書館の活用はなかなか進まなかったようである。先に述べたように、一九五〇年代後半から一九六〇年代は児童生徒の急増に対応した教育環境の整備が最大の課題であった。文部省は学習指導要領に基づく系統的な教育を推進し、その成果を学力調査で適切に評価し、教育課程、学習指導の改善と教育条件の整備につなげるというサイクルを確立したかった。

一九五八年の小中学校における新しい学習指導要領実施を踏まえ、文部省は学校教員、教育委員会の指導主事、研究者などからなる教材等調査研究会学校図書館委員会の協力を得て、翌五九年から三年連続で、『学校図書館運営の手びき』『学校図書館における図書以外の資料の整理と利用』『小・中学校における学校図書館の利用の手びき』を刊行した。当時文部省はこれらの冊子を三部作と位置付け、各学校における創意工夫を凝らした学校図書館の整備・充実を期待した。

しかし、教職員組合は当時の文部省の教育政策を教育に対する国の統制として激しく抵抗した。この時期に刊行された学校図書館関係資料も、内容としては一九四八年の『学校図書館の手引』に掲げられた理想を受け継いでいるものの、当時の状況を考えると、なかなか素直に学校現場には受け入れられなかったのではないかと想像される。

また、学校図書館法に定める司書教諭の配置が附則の猶予規定のおかげでなかなか進まなかった一方で、これに対する教職員組合側の対応方針もまとまりを欠いていた。しかも、高校を中心に都道府県が自前の予算で学校司書を配置する動きが各地で起こり、司書教諭配置との関係をどう整理するかという、新たな課題も生じるに至った。

さらに高度経済成長期における保護者の高学歴志向の広まりも、学校図書館には逆風だったのかもしれない。この時代に「本を読んでいる暇があったら勉強しなさい」と親から言われた記憶のある人々も多いはずである。

これを現在から見れば、少なくとも学校図書館の活用に関してはもう少し別の道があったのではないか、という気もするのだが、当時の政治・社会状況からすれば仕方がなかったのだろう。

学校図書館にとって受難の時代が終わるのは一九九〇年代に入ってからである。東西冷戦が終結し、自民党の単独政権が終わるといった政治状況の変化、バブルが崩壊して国民が物の豊かさから心の豊かさを求めるようになるといった社会の変化にもおそらく何らかの関係があったのかもしれない。司書教諭配置の猶予規定を一部撤廃する一九九七年の学校図書館法改正以降、ようやく学校図書館の機能が注目されるようになるのである。この時期以降の学校図書館については、改めて取り上げる。

第6章　学校図書館は図書館なのか？

今度は学校図書館を図書館、あるいは社会教育の観点から捉え直してみる。それは、学校の中に図書館があることが、私たちの住む社会にとってどのような意義があるのかを考えることでもある。

◆GHQからの意外な発言

本編を執筆するにあたり、戦後占領期の教育改革及びその一環としての学校図書館改革についていろいろ調べてみた。その過程で非常に面白い資料に出会った。それは、一九四六～一九六一年にかけて文部省で学校図書館行政に携わった深川恒喜氏に対し、一九八五年に大阪教育大学名誉教授の塩見昇氏が行ったインタビューの記録である。(『生涯学習基盤経営研究』第35号2010年度「戦後初期の日本における学校図書館改革－深川恒喜インタビュー記録－」塩見昇、安藤友張、今井福司、根本彰)

このインタビューは戦後の学校図書館政策を振り返る上で貴重な資料であることは言うまでもないが、私がこの中で一つ驚いたエピソードがある。それは、GHQのスタッフがある小学校を訪問したときのことである。当時既に軍国主義を肯定したり連合国側を批判したりするような本は検閲で排除されていたのだが、その学校の中で排除対象の本が見つかった。件のスタッフが「この部屋は何か」と尋ねたところ、そこは図書室だったので学校側は「ライブラリーだ」と答えた。すると「ライブラリーなら」と所蔵を認めたというのである。

これこそ学校図書館のあるべき姿を端的に表現した発言であるとともに、「図書館とは何か？」という根源的な問いに対する、非の打ちどころのない答えでもある。たとえ自分たちの命令で排除した本であろうと、世の中に出版された本は全て図書館が所蔵していなくてはならない。しかもこの図書館の本質は、地域社会にあろうが学校の中にあろうが全く変わらないのである。

◆図書分類法の攻防

深川氏の証言の中でもう一つ、学校図書館の本質に関わる興味深いエピソードが披露されている。それは、学校図書館が所蔵する資料の分類法に関する検討過程である。当時我が国のほとんどの図書館で採用されていたＮＤＣ（日本十進分類法）か、教科別の分類法か、である。

関係者の間で激論が続いた末、最後は深川氏の判断でＮＤＣになったのだが、氏も相当お悩みになったとのことである。

確かにどちらも一長一短ある。ＮＤＣは日本国内の図書館に広く普及しており、公共図書館との連携をスムーズにするが、教員にとっては使いづらい。教科別の分類法は教員にとっては使いやすいが、図書によっては複数の教科で使うものもあり、実際にどの図書をどの教科に分類するかで学校による違いが生じやすい。

しかし、私から見ればＮＤＣを採用したことが、関係者にとって「学校図書館は図書館である」と実感できる、少ないながらも重要な拠り所になったのではないかと思えるのである。

◆教室外の世界としての学校図書館

次に、利用者の視点で学校図書館を考えてみる。利用者とはもちろん児童生徒や教職員であるが、主に前者の視点から考えてみる。ただし、学校で学習する児童生徒と言うよりは、学校も含めた地域社会で生きる子供の視点と言うべきだろう。

学校の様々な施設・設備は、当然のことながら学校教育を行うためのものと位置付けられている。これらを子供の視点から見れば、学校の施設・設備は授業のためのもの、というイメージが強い。普通教室、理科室などの特別教室、体育館、プールなどは授業で使うものであり、逆に授業以外の時間に授業以外の目的で使うことは認められない。その中でも運動場は例外で、体育などの授業にも使うが、休み時間や放課後に友達と遊ぶ、という形で授業以外の目的に使うこともできる。

しかし､学校図書館はこれらとは少し性格が異なる。必ず授業で使うというわけでもなく（学校によっては「図書」という時間もあるが）、休み時間や放課後に自分の好きな本を読みに行ったり友達に言われて気になったことを調べてみたり、授業以外の目的に使うこともできる。むしろ、そのような利用の方が多いだろう。かと言って、保健室のように病気や怪我といった特段の用件がないと来てはいけない、というわけでもない。

このように、学校図書館は、教室における「授業のため」といった制約なく使えるという意味で、本来子供たちにとって気軽に行ける場所であるはずだ。言わば学校の中で数少ない「教室外の世界」と捉えることができる。不登校になってしまった子供たちの居場所として保健室とともに利用されるのも、そのような事情が関係していると考えられる。

そんな学校図書館に子供たちの足が向いていないのだとしたら、それは学校図書館が本来の機能を果たしていないことを意味する。校舎の端にあるなど立地がよくないせいか、常時職員を配置できずに閉まっている日があるせいか。館長たる校長は真剣にその原因を突き止め、改善してゆかねばならない。

◆学校図書館と学級文庫

私を含め読者のみなさんの中には、学校図書館・図書室とは別に、普段授業を受ける教室の中に小さな書棚と本があったことを覚えておられる方も多いだろう。このような一角は学級文庫と呼ばれ、今でも多くの学校、特に小学校で見ることができる。私自身はほとんど使った記憶がないが、学校図書館まで行く時間がないときでも、休み時間や放課後に学級文庫の本を手に取ったことのある方は珍しくないはずである。

しかし、これまで学校図書館と学級文庫とを関連付けて捉えることはほとんどなかったのではないか。学校教育の発想で考える限りでは、それもやむを得なかったかもしれない。学校の施設という観点から見たとき、教室と学校図書館とはそれぞれ別の役割を果たすものと整理されているからである。

では、図書館の視点から見たらどうだろう？　あるいは、本が置かれている場所という視点で見ると、全く違った姿が浮かんでこないだろうか？　すなわち、学校図書館を本館、学級文庫を分館と捉えるのである。そうすると、学校図書館側から見ると、館内の資料と学級文庫の本とがつながり、司書教諭や学校司書の視線も学校図書館の内部から各学年の教室へと一気に延びてゆくはずである。

逆に教室側から見ると、教員や児童生徒にとって学級文庫が学校図書館につながることで、学校図書館がぐんと身近な存在に変わるはずである。もっと言えば、本の好きな人だけ気が向いたら行く場所でなく、学校生活を送る中で誰でもアクセスできる場所へと変貌するはずである。

このような発想の転換を学校内で共有できれば、教職員の学校図書館活用に対する意識、関心は一気に高まり、様々な試みがなされるはずである。


また、この発想は学校図書館に対する公共図書館の支援をも大いに刺激する。公共図書館が、管轄区域内の学校図書館を自館の分館のようなものと捉えればどうなるだろう？　今度は公共図書館、学校図書館、学級文庫の三者がより強く結びつくことになる。

さらに言えば、これまでの公共図書館による学校支援は、都道府県立図書館が、都道府県立高校に対する支援という形でリードしてきた。大部分が市町村立である小中学校に対する支援は、本来市町村立図書館が担うべきものである。となると都道府県立図書館が市町村立小中学校を支援するのは難しそうに見える。

しかし、都道府県立図書館には域内の市町村立図書館を支援するという役割もある。そして市町村立図書館が小中学校の学校図書館を分館のようなものだと捉えれば（実際北海道北広島市立図書館は、市内の小学校の学校図書館に分室を設けている）、都道府県立図書館も市町村立図書館を通じて小中の学校図書館にもアプローチできる。


このような結びつきが広がっていけば、子供たちの読書・情報環境は劇的に改善されるはずだし、それぞれの図書館がどのような役割を果たせばいいのか、についてもより明確になるのではないだろうか。

◆さらなる素朴な疑問

学校図書館を図書館の視点で考え始めると、以上のように新しい可能性が明らかになり、学校図書館が目指すべき方向性もよりはっきり見えてくる。

しかし、まだまだ次のような素朴な疑問も残っている。

Q　学校図書館は読書活動の場なのか？
Q　学校図書館は学力向上にプラスなのか？
Q　なぜ学校図書館と視聴覚教室とコンピュータ室は別々なのか？
Q　なぜ学校図書館は学校が休みの日に閉まっているのか？
Q　地域住民は学校図書館を使ってはいけないのか？
Q　学校図書館のスペースだけが学校図書館なのか？

これらを学校の視点から見る限り、「当たり前やろ」の一言で終わってしまう。しかし、図書館の視点からは違った答えが出てくるはずである。

最終章では、いよいよ学校図書館の目指すべき方向を私なりに提示してみたい。

第7章　再び学校図書館は学校なのか、図書館なのか？
～学校図書館はどこへ向かうべきか～

第一節　変貌し始めた学校図書館

◆読書離れ、活字離れ

高度経済成長は我が国にかつてない経済的繁栄と国民生活の向上をもたらしたが、本にとっては苦難の時代の始まりだったと言えるかもしれない。

我が国でテレビ放送が始まったのが一九五三年、国産初のラジカセ（ラジオ付きカセットテープレコーダー）が発売されたのが一九六八年、ＶＨＳビデオデッキ第一号が発売されたのが一九七六年、ゲームセンターにスペースインベーダーが出始めたのが一九七八年、ＮＥＣのＰＣ－９８００シリーズの初代パソコン（パーソナルコンピュータ）が発売されたのが一九八二年、任天堂のファミコン（ファミリーコンピュータ）が発売されたのが一九八三年、小型携帯電話が発売されたのが一九九一年、インターネットの商用利用が許可されたのが一九九三年。

これらの誘惑？　に勝って本を読むという行為を自主的に選択するのは、人間にとって年々ハードルが高くなっているようにも思える。

もっとも、読書離れ、あるいは本以外の雑誌、新聞等の媒体も含めた活字離れは、当初大人に対して指摘された現象であった。毎日新聞と全国ＳＬＡが一九五四年から行っている調査によれば、一九七〇年代までは「子供はそれなりに本を読んでいるが、大人が読んでいない」傾向を指摘する場合が多かった。ところが一九八〇年代から一か月で一冊も本を読まない子ども（不読者）の率がじわじわと上がってきた。特に中高生について、不読者の率がピークとなった一九九七年には、中学生で五五、三％、高校生で六九、八％に昇った。

もはや読書離れ、活字離れは世代を超えた国民的課題となってきた。これを何とか食い止めようとする動きの中で、学校図書館にもようやく関心が向けられるようになってきたのである。

◆学校図書館施設の拡張

その一方でレコード、カセットテープ、ビデオなどいわゆる視聴覚機器と呼ばれる新たな教材、さらにコンピュータなどの情報機器が社会に登場するようになると、学校図書館で備えるべき資料も多様化するとともに、視聴覚教室など他の特別教室との連携など新たな課題が生じるに至った。

また、児童生徒の学校図書館の利用も、単に本を読んだり自習したりするにとどまらない、より幅広い活用を模索する動きも各地で出てきた。

全国ＳＬＡは、一九九〇年に学校図書館施設基準を定め（http://www.j-sla.or.jp/material/kijun/post-38.html

一九九九年改訂)、その中で「学習・読書・視聴スペース」「コンピュータ利用スペース」「展示スペース」「制作スペース」など、一三種類に及ぶスペースを設けることが必要であるとしている。そして、学校の規模ごとに各スペースの最低面積を提示している。

これは『学校図書館の手引』で示された、目指すべき学校図書館像を一段階ステップアップさせたものと捉えることができる。

◆文部省の対応

文部省もこのような社会の変化に対応するため、まず一九九二年に「小学校施設整備指針」「中学校施設整備指針」を策定した。これはその後数度にわたり改訂され、二〇一四年に公表された最新の指針の中では、例えば小学校の図書室については、以下のように定められている。

(1) 多様な学習活動に対応することができるよう面積、形状等を計画することが重要である。

(2) 1学級相当以上の机及び椅子を配置し、かつ、児童数等に応じた図書室用の家具等を利用しやすいよう配列することのできる面積、形状等とすることが重要である。

(3) 児童の様々な学習を支援する学習センター的な機能、必要な情報を収集・選択・活用し、その能力を育成する情報センター的な機能、学校における心のオアシスとなり、日々の生活の中で児童がくつろぎ、自発的に読書を楽しむ読書センター的な機能について計画することが重要である。

(4) 司書教諭、図書委員等が図書その他の資料の整理、修理等を行うための空間を確保することが望ましい。

（5）資料の展示、掲示等のための設備を設けることのできる空間を確保することも有効である。
（6）図書を分散して配置する場合は、役割分担を明確にし、相互の連携に十分留意して計画することが重要である。

次に取り組んだのは、一九九三年の学校図書館図書標準の設定と学校図書館図書整備5か年計画による財政支援であった。これにより、一九九七年度までに約五〇〇億円の地方財政措置が行われた。この計画はその後もほぼ五年ごとに更新されており、直近では二〇一二年に定められ、二〇一六年度までの五年間で約一〇〇〇億円の図書、約七五億円の新聞を購入するための地方財政措置が執られることとなっている。

ただし、地方財政措置は補助金ではないので、教育委員会が地元の学校の事情に応じて必要な図書等の購入費を確保できるよう、しっかり財政当局に働きかけねばならない。

続いて一九九七年の学校図書館法改正で司書教諭配置の猶予規定が一部撤廃され、司書教諭の配置が飛躍的に進むこととなった。

◆読書活動、文字・活字文化振興と学校図書館

その一方で一九八八年に千葉県の高校で始まったとされる朝の読書活動は、授業に対する集中力向上だけでなく、いじめ、暴力行為の防止や学級崩壊の改善など、学校教育における種々の課題に対して有効であるとの報告が各地で行われ、徐々に広がっていった。

その後出版界や超党派の議員連盟による読書推進運動の結果、一九九九年、読書の持つ計り知れない価値を認

識して、子どもの読書活動を国を挙げて支援するため、二〇〇〇年を「子ども読書年」とする衆参両議院の決議がなされた。同年には国立国会図書館の支部として国際子ども図書館が開館した。翌二〇〇一年には子どもゆめ基金が創設され、民間団体の行う子どもの読書活動等に対する助成が始まった。

さらに同年、議員立法で子どもの読書活動の推進に関する法律が制定された。この法律は子どもの読書活動の推進に関し基本理念を定め、国及び地方公共団体の責務等を明らかにするとともに、国が「子どもの読書活動の推進に関する基本的な計画」を策定・公表すること、地方公共団体が「子どもの読書活動の推進に関する施策についての計画」を策定・公表すること、四月二三日を「子ども読書の日」とすることなどを定めることにより、読書活動関連施策の総合的かつ計画的な推進を図ることを目指したものである。

これを受けて翌二〇〇二年に閣議決定された「子どもの読書活動に関する基本的な計画」(http://www.mext.go.jp/a_menu/sports/dokusyo/hourei/cont_001/003.pdf) においては、公共図書館だけでなく学校図書館の整備・充実についても盛り込まれている。

続いて二〇〇五年には議員立法として文字・活字文化振興法が成立、公布・施行された。この法律は文字・活字文化の振興に関し、基本理念を定め、国や地方公共団体の責務を明らかにするとともに、地域における文字・活字文化の振興や学校教育における言語力の涵養、一〇月二七日を「文字・活字文化の日」とすることなどを定めることにより、我が国における文字・活字文化の振興に関する施策の総合的な推進を図り、知的で心豊かな国民生活及び活力ある社会の実現に寄与することを目的としている。

学校図書館は文字・活字文化の普及・啓発の観点からも充実が求められることとなった。

◆ＰＩＳＡ、全国学力調査と学校図書館

このような動きを推進する上で客観的根拠を提供したのは、経済協力開発機構（ＯＥＣＤ）が義務教育終了段階（一五歳）の生徒を対象に行った学習到達度調査、ＰＩＳＡ（ぴざ）である。これは、彼らが持っている知識や技能を、知識の量や技能の難易度で測るのでなく、実生活の様々な場面で直面する課題に知識や技能をどの程度活用できるかを評価する、という画期的な観点から初めて実施された、国際比較可能な学力調査である。

二〇〇〇年に行われ翌年公表された調査結果では、日本の生徒の平均得点が上位を占めたことに注目が集まる一方、「趣味としての読書をしない」と答えた生徒がＯＥＣＤ平均三一、七％に対し日本では五五％、「どうしても読まなければならないときしか、本は読まない」と答えた生徒がＯＥＣＤ平均一二、六％に対し日本では二二％、といったショッキングな結果も明らかになった。

その後二〇〇二年四月に新しい学習指導要領が施行されたが、施行前から学力低下への不安の声が挙がっていただけでなく、二〇〇三年の調査で読解力の点数が低下したことなどの事情が重なり、見直しの声がさらに強まることとなった。いわゆる学力論争が盛んになる中で、そもそも我が国の児童生徒の学力を客観的に評価する仕組がないことが問題ではないか、との意見が説得力を持つようになってきた。

このような状況を踏まえ、二〇〇七年から始まったのが、全国学力・学習状況調査である。小学校六年生、中学校三年生全員を対象に、国語と算数・数学（二〇一二、二〇一五年には理科も）の学力を把握するとともに、学校及び児童生徒に対する質問を行うことで、教員の指導や児童生徒の生活習慣などと学力の相関関係を探り、学校における日々の指導の改善に役立てようというものである。

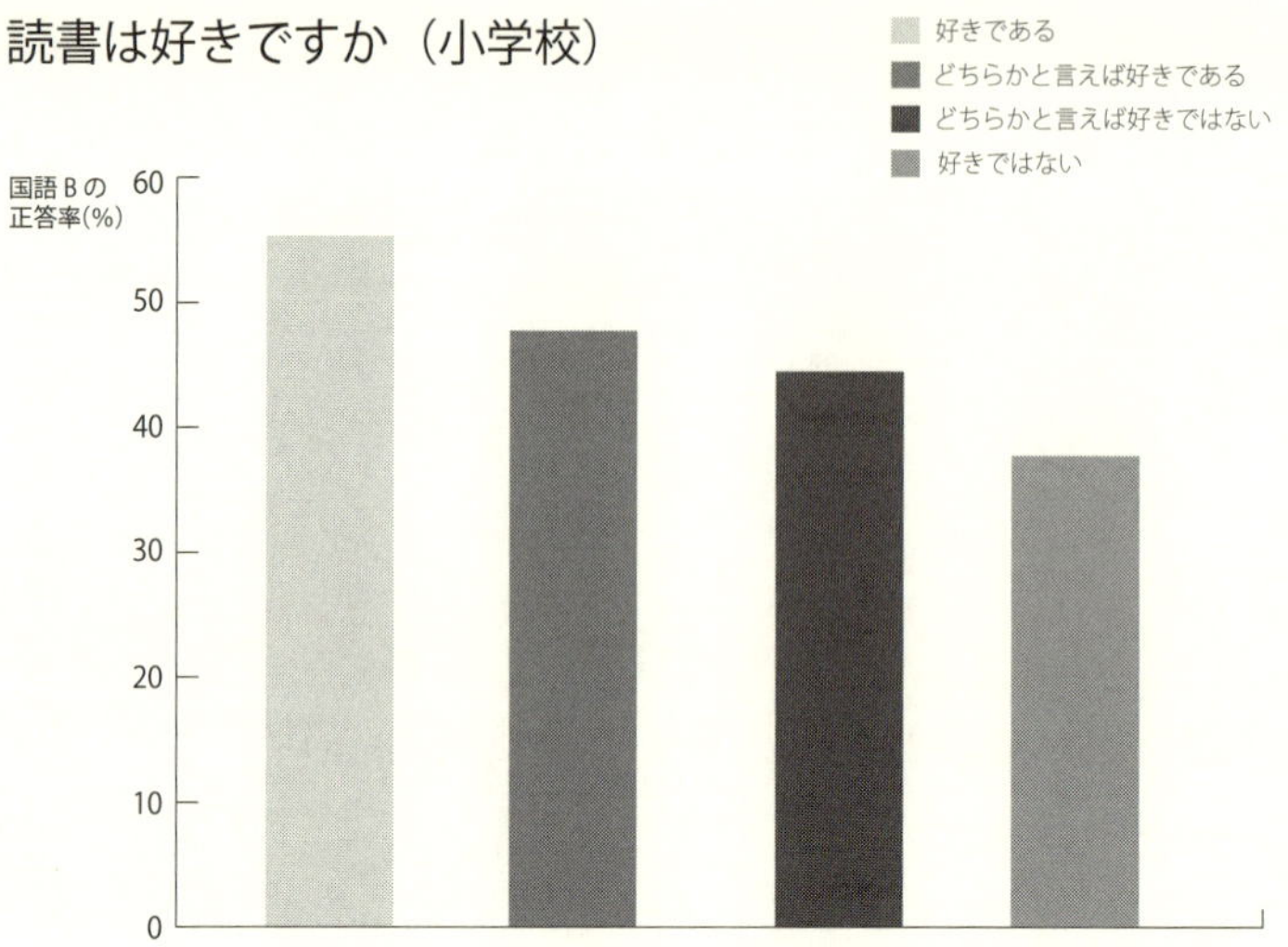

（出典）平成25年度全国学力・学習状況調査

この手の調査は、正確に言えば中学生に対しては三三年ぶりの復活ということになる。ただし、当時の調査と現行の調査との間で決定的に異なるのは、後者における問題のタイプが二種類あるということである。すなわち知識の習得状況を主に見るA問題と知識の活用力を主に見るB問題である。B問題がPISA調査の影響で作られたことは言うまでもない。

この調査を数年続けることで、例えば「少人数指導が学力向上に効果的」とか「早寝、早起き、朝ごはんが学力向上に効果的」などと、現場の経験則で語られていたような事柄に対して、初めて客観的根拠をもって効果の有無を説明できるようになった。

例えば読書について、二〇一三年度の調査では、上記のグラフのように、読書の好きな児童の方が国語のB問題の正答率が高いという結果が出ている（平均正答率四九、六％）。これは小学校の算数や中学校の国語、数学でも同様の傾向である。

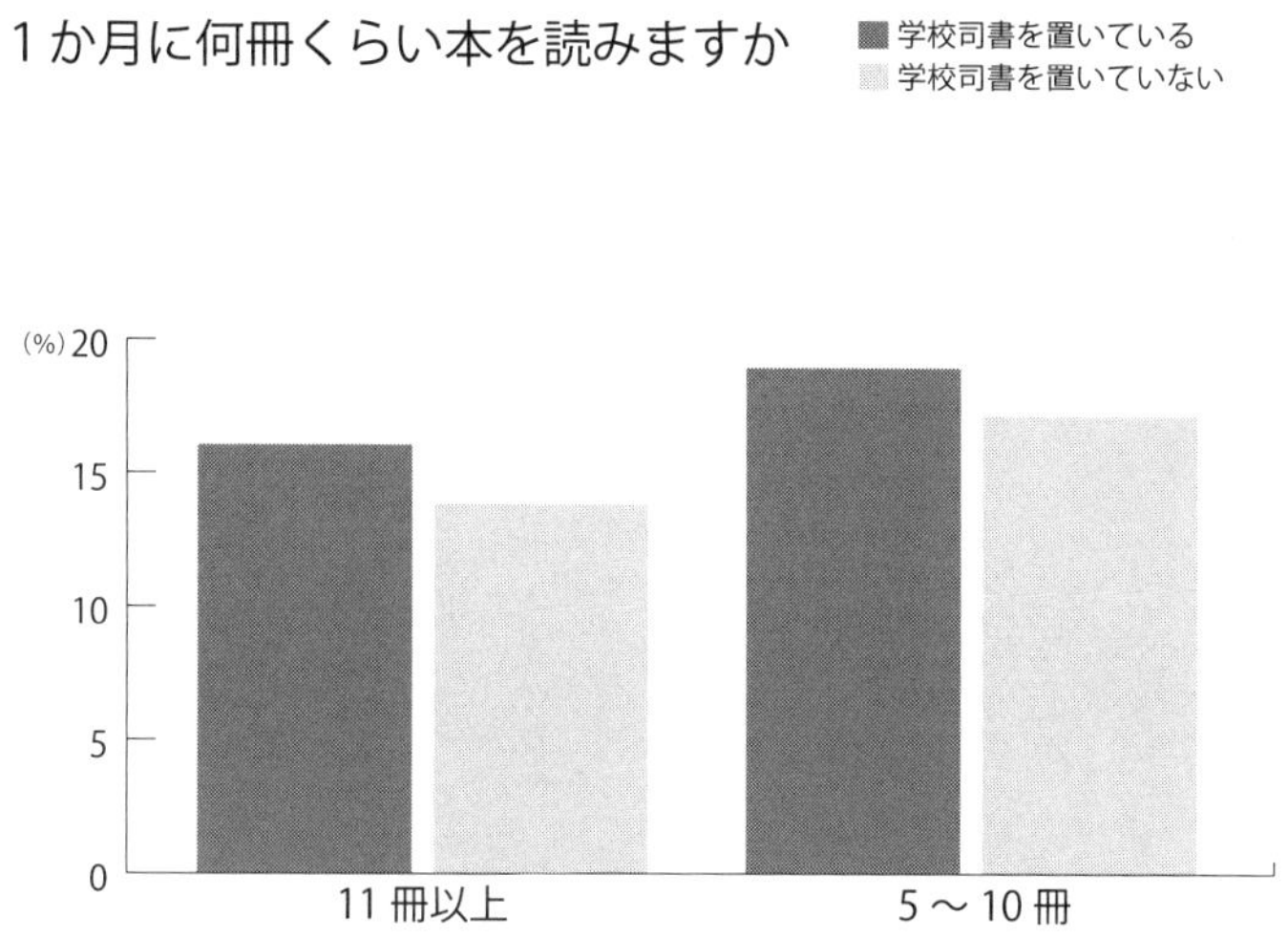

（出典）平成25年度全国学力・学習状況調査を基に作成

また、同じ調査の中で児童生徒の読書量と学校司書の有無の関係を調べたところ、学校司書を置いている学校の方が児童生徒の読書量が多いとの結果が出ている。

二つの結果を合わせれば、学校司書が学校図書館に置かれている学校の方が、児童生徒の学力が高い場合が多いのではないか、と推測できる。

一九五〇年代後半から六〇年代前半の教育行政は、法的拘束力ある教育課程の基準、すなわち学習指導要領を定め、これに基づく指導の成果を全国学力調査で評価し、その結果を元に教育条件の整備充実につなげようとした。教育条件の中には当然学校図書館も含まれる。このような教育政策のPDCAサイクルが近年になって整備される中で、かつて学校図書館関係者が目指していたことが、ようやく実現に向けて動ける環境が整ってきたのである。

◆二一世紀型教育と学校図書館

このような流れの中で、まず二〇〇七年に学校教育法が改正された。小学校の教育について第三〇条第二項が追加され、小学校における教育目標の達成に向けて「生涯にわたり学習する基盤が培われるよう、基礎的な知識及び技能を習得させるとともに、これらを活用して課題を解決するために必要な思考力、判断力、表現力その他の能力をはぐくみ、主体的に学習に取り組む態度を養うことに、特に意を用いなければならない。」と定められた（中学校、高等学校にも準用）。

この規定に基づいて改訂されたのが、二〇〇八年の学習指導要領である（幼稚園、小中学校。高等学校は翌年改訂）。この中では育成を目指す学力の三要素として、①基礎的・基本的な知識・技能の習得、②思考力・判断力・表現力の育成、③学習に取り組む意欲を重視し、これらを育む手段として、全ての教科等において言語活動を充実させることとした。

これを機にいわゆる「ＰＩＳＡ型学力」といった言葉が流行するとともに、そのような新しいタイプの学力の獲得に有効な「二一世紀型教育」として、アクティブ・ラーニング、課題解決型学習、反転学習、モンテッソーリ教育、イエナ・プランなど、様々な指導法が提案され、各地で実践も始まっている。

例えば、今年惜しまれながら他界された三宅なほみ先生は、東京大学大学発教育支援コンソーシアム推進機構（ＣｏＲＥＦ）において、アクティブ・ラーニングの一種である協調学習を引き起こすために、知識構成型ジグソー法という指導法を提案するとともに、埼玉県などにおいて学校現場での実践と検証を重ねてこられた。

これは、一つの課題を考えるための手がかりをいくつかの部品に分け、まずは各人が特定の部品に関する専門知識を習得する。その上で、各部品を担当した人一人ずつの新しいグループを作り、彼らの知識を統合的に活用して課題にアプローチするというものである。

私が実際にCoREFと埼玉県教育委員会共催の研究発表会で聞いたのは、こんな事例である。高校二年生の美術の授業において、修学旅行のビジュアルブックを作るという課題が与えられた。これを「装丁・テンプレートの例」「ビジュアル資料の活用法の例」「素材（材料）」という三つの部品に分けて製作するというものである。

生徒たちはまず自分が担当する部品について学習する。「装丁・テンプレート」担当は、画集、写真集、デザイン雑誌などを取材する。「ビジュアル資料の活用法」担当は、新聞、観光マップ、広告・チラシなど、「素材」担当は修学旅行で写した写真のほか、絵の具、シール、様々な紙、ハサミ、糊などをそれぞれ取材する。その後三人一組で自分たちのビジュアルブックを製作していくのである。

私がこの報告を聞いて即座に思ったのは、この指導法は学校図書館の関与なしには成立しえない、ということである。この場合美術の授業だから素材関係の材料は美術の教員がある程度そろえられるだろう。しかし、それ以外の材料については、学校図書館がより多種多様なものを収集、提供することが求められる。

また、今年六月に公職選挙法が改正され、選挙権年齢が満一八歳以上に引き下げられることとなった。これに伴い、若い人たちの政治や選挙への関心を高め、政治的教養を育む教育の必要性が高まり、文部科学省は総務省と連携し、政治や選挙等に関する高校生向けの副教材などを公表した（http://www.mext.go.jp/a_menu/shotou/shukensha/1362349.htm）。この中で有権者として身に付けるべき資質として「課題を多面的・多角的に考え、自分なりの考えを作っていく力」「根拠をもって自分の考えを主張し説得する力」が求められている。ここでも学校図書館が積極的に関わっていく必要があるのは言うまでもない。

一口に「二一世紀型教育」と言っても具体の指導法には様々な可能性があり、まだまだ課題もある。しかし、大事なことはただやみくもに考えさせたり議論させたりしても、効果は挙がらないということである。その準備段階で相当な量の知識や技能を習得させることが不可欠である。そのためには普段の授業で使う教科書や副教材だけでは不十分であり、多様な資料、メディアをそろえ、いつでも利用できるようにするとともに、子供たちがこれらの資料等を適切かつ効果的に活用するための情報リテラシー、情報活用能力の育成も必要である。また、知識基盤社会と言われる現代において、生涯にわたって自発的に学習する意欲を持ち続けることも必要である。

学校の中でこの役割を担えるのは、学校図書館以外にあり得ない。今こそ学校図書館法第二条にいう「学校の教育課程の展開に寄与するとともに、児童又は生徒の健全な教養を育成する」という目的を再認識し、読書センターだけでなく学習センター、情報センターとしての機能を果たすことで、二一世紀型教育を支援する役割を率先して担うことが求められている。これは、言い換えれば今から七〇年近く前に公表された『学校図書館の手引』に示された学校図書館像へ近付くことでもある。

第二節　困ったときには学校図書館へ

◆鎌倉市立中央図書館の呼びかけ

いつまで続くかと思われた今年の猛暑もあっさり一段落し、一部の学校では二学期が始まっていた八月二六日、鎌倉市立中央図書館からのツイッターでの投稿が大きな反響を呼んだ。それは、いじめにあったりしてつらい思いをしている子供たちに対する以下のようなメッセージだった。

「もうすぐ二学期。学校が始まるのが死ぬほどつらい子は、学校を休んで図書館へいらっしゃい。マンガもライトノベルもあるよ。一日いても誰も何も言わないよ。9月から学校へ行くくらいなら死んじゃおうと思ったら、逃げ場所に図書館も思い出してね。」

これに先立つ八月中旬、内閣府がまとめた平成二七年度自殺白書によると、一八歳以下の自殺が最も多い日は、多くの学校が二学期を迎える九月一日である、とのデータが公表された。

鎌倉市立中央図書館の司書はこれを子供たちにとっての課題と捉え、図書館としてできることを考え、実行した。このツイートに対しては、学校側の努力を理解していない、図書館に来た子供を放置するのは不登校を助長するといった批判もあり、果たして適切であったかについては議論の余地がある。ただ、公共図書館が子供の自殺の問題を学校任せにせず、自分たちの強みを生かしてできることを模索し、実行に移した。このことが、今後の図書館の在り方を考える上で極めて重要な問題提起となったことは確かである。

これに対し、学校図書館は何ができるだろうか？

◆なぜ学校図書館は学校が休みの間は閉まるのか？

そもそも学校図書館は、学校の休業期間（夏休みなど）は閉まっている。なぜか？　学校図書館が学校の一部だからである。学校の視点から見ればこれは一応正しい。

しかし、図書館の視点から見れば、いつでも誰でも利用してもらえることを考える。であれば、学校が休業中に学校図書館が開いていても、何の不思議もない。

学校図書館が公共図書館並みに開館していれば、子供たちは授業がなくても来るだろう。自由研究の調べものもできるし、読書感想文用の読書もできる。重要なことは、多くの子供たちにとって、公共図書館より学校図書館の方が家から近いということである。

では、いじめなどに悩む子供たちに対して学校図書館は何ができるだろうか？　もちろん、保健室のように、学期中教室へ行けない子どもたちの居場所を提供することもできる。しかし、学校図書館が通年開館していれば「学校が休みの間に学校図書館へおいで」というメッセージを送ることもできるはずである。

このような形で、まず子供たちにとって「困ったときには学校図書館へ行けばいい」という選択肢があるという認識を広めることが重要である。

◆教員が率先して学校図書館利用を

かつて「学校の先生は長い夏休みがあっていいですね」と誤解している人は多かった。教員は授業がなくても学校に出勤するのが当たり前である（もちろん研修などで不在にする場合はあるだろうが）。

しかし、教員が出勤しているのに学校図書館が閉まっている。これまたおかしくないだろうか？

悩んでいるのは子供だけではない。大人である教員が直面する課題も複雑多岐にわたる。最近は子供への指導だけでなく保護者への接し方も難しくなってきている。さらに部活指導や様々な会議に事務作業も重なり、教員の多忙さが大きな問題としてクローズアップされるようになった。

しかも、教員の年齢構成は四〇代から五〇代が多く、若い教員にとって相談しやすい二〇代後半から三〇代の教員が不足している。

こんなときこそ学校図書館の出番である。学校図書館は児童生徒だけでなく、教員のものでもある。自分の課題解決のために、ぜひ学校図書館を使ってほしい。いや、使い倒してほしいのである。

教室に学級文庫があるように、校長室や職員室にも文庫があってよい。そこに自分たちで購入したものだけでなく、学校図書館から借りた図書や資料も常に置いてあって、職員会議や校内研修や研究授業などで活用する。こうして学んだ知恵を普段の授業や保護者対応などに活かしてゆく。

このような姿を子供たちに日常的に見せることが、図書館を利用できる大人を育てる最良の方法である。

◆学校中を図書館に

教員と児童生徒の学校図書館利用が進めば、学校図書館は与えられたスペースの中では収まらなくなる。学校図書館の資料は彼らの手で学校中を移動することになる。

また、視聴覚教室やコンピュータ・ルームとの連携も不可欠である。これらは公共図書館では一体となっている。できるだけ学校図書館と隣接する位置にこれらの教室を置き、学校図書館の資料と一体的に管理、活用することが必要である。

こうすることで、学校図書館は視聴覚教室等を含めて資料・情報の収蔵スペースになり、普通教室や校長室、職員室は閲覧スペースになる。廊下の壁に学校図書館の新着図書情報や、六年生が一年生向けに学校図書館の使い方に関するガイドなどを作って貼り出したり、学校図書館や公共図書館を活用した調べものの成果物（例えば公益財団法人図書館振興財団主催「図書館を使った調べる学習コンクール」の優秀作品）などを展示したりすれば、学校中を図書館にすることができる。

（この発想を使えば、音楽室も学校音楽ホールへ、美術室も学校美術館へ、理科室も学校科学館などへ発展させることができるはずである。）

◆地域の中の学校図書館

学校図書館が通年開館し、児童生徒も教員も頻繁に使っていて、しかも学校中が図書館になっていれば、次は保護者や地域住民にも利用できるようにするのが自然の流れである。

既に多くの学校図書館では、保護者がボランティアとして資料整理など、学校図書館の業務のお手伝いをしている。ここから一歩進んで、地域の大人たちにも図書館を利用してもらえばよい。もちろん、学校の授業で使っている時間帯を除くなどの工夫は必要だが。

海外の日本人学校の中には、児童生徒用の図書館とは別に、保護者や出張者などが寄贈した本や雑誌を集めて保護者用の図書スペースを設けているところがある。日本の書籍が手に入りにくい海外ならではの知恵だが、日本の学校でも応用できるのではないか。

学校図書館が地域住民にとって身近な存在になれば、しだいに学校自体が身近になり、コミュニティ・スクールなど学校経営への地域住民の参画もよりスムーズに進むだろう。

また、地域住民による公共図書館の利用促進にもつながるだろう。

◆学校図書館をもう少し図書館らしくしていく

要は、学校施設の一部である学校図書館をもう少し図書館らしくしよう、ということである。

そのために必要なことをあと三点指摘しておきたい。

一つ目は、学校図書館を公共図書館の分館に位置付けることである。学校図書館にない資料を公共図書館から提供してもらうだけでなく、公共図書館が主催する講演会、相談会などのイベントを学校図書館でも開催したり、公共図書館員向け研修に司書教諭、学校司書も積極的に参加し、公共図書館経営のノウハウを学校図書館にも採り入れたりするのである。

二つ目は、長年の懸案である司書教諭、学校司書の配置や資料費を大幅に充実させることである。しかし、これを実現するのにただ人や金を下さい、と訴えても無駄である。まずは学校図書館を図書館らしくするよう努力し、その成果を校長や教育委員会にアピールしていかねばならない。

◆図書館利用者教育を遡って考える

三つ目は学校図書館も含めた、より幅広い観点からの図書館利用者教育の充実である。

これまでは公共図書館、学校図書館、大学図書館がそれぞれの立場で読書推進や図書館の利用者増に向けた努力をしてきた。

例えば、先進的な公共図書館はまず子供が生まれた保護者に絵本をプレゼントする。ブックスタートと呼ばれる取組である。その子の成長に合わせて、幼稚園では幼稚園図書室、小中高校では学校図書館、大学に入ると大学図書館を利用する。そうやって大人になれば公共図書館を利用してくれるだろう、とそれぞれの関係者は期待するわけだが、なかなかうまくいかないのが現状である。

そこで、逆転の発想が必要になる。すなわち、公共図書館を積極的に活用する大人を育てることを目標として、そこから大学、高等学校、中学校、小学校、幼稚園、そしてブックスタートへと遡って（バックキャストで）、それぞれが取り組むべき利用者教育を考えるのである。

こうすることで、各学校の学校図書館が取り組むべき利用者教育が見えてくる。情報教育も同様の発想で整理して図書館利用者教育と重ね合わせれば、スマホ、タブレット端末などの情報機器をいつ子供に与え、どう使わせていくか？　という、教員も親も頭を悩ませる難題に対する答えも見えてくるのではないだろうか？

◆文部科学省に「大図書館課」を

最後に我が文部科学省に対しても問題提起しておきたい。我が国の図書館行政最大の課題は、図書館に関連する業務を担当する課が複数あり、それぞれ縦割りで業務を行っていることである。

私がかつて課長をしていた社会教育課は図書館法上の図書館、すなわち地方公共団体が設置する公立図書館と日本赤十字社、一般社団法人、一般財団法人が運営する私立図書館を所管するが、学校に附属する図書館、図書室は除かれている。小中高校の学校図書館を担当するのは初等中等教育局の児童生徒課であり、大学図書館を担当するのは研究振興局の参事官（情報担当）付である。他にも生涯学習政策局情報教育課、文化庁長官官房著作権課など、図書館に関連する業務を担当する課がある。しかも、国立の図書館、すなわち国立国会図書館は、名前の通り文部科学省でなく国会に属する機関である。

文部科学省の中では主に先に述べた三つの課が、それぞれの立場で施策を企画、実施している。すなわち社会教育課は社会教育振興の立場から、児童生徒課は学校教育充実の立場から、参事官付は大学における情報環境整備の立場から、である。

これら省内の図書館関係部署の担当者が集まり、情報共有や意見交換を行う組織があるにはある。しかし、私自身約一年の在任中一回しか開かれた記憶がない。これでは、文部科学省として全般的かつ横断的な図書館政策を打ち出すのは難しい。

そこで、文部科学省内に「大図書館課」（わざわざ「大」を付けなくてもいいが）を設け、課長だけ専任で、省内で図書館関連施策を担当する職員を全員併任（兼務）させる。大図書館課長のリーダーシップの下、学校図書館も大学図書館も図書館としてどう整備充実させるかという観点から施策を見直し、改善すべきは改善し、図書館政策としてのまとまりを持たせる。

例えば、図書館職員の中で常勤より非常勤が多いことについてはどの種類の図書館でも共通する課題であり、このような横断的な組織であれば抜本的な改善策を検討することができる。資料費の確保、職員の資質向上、出版界などから批判の強い複本問題などについても同様である。

先に一九九〇年代後半以降の学校図書館充実に向けた動きを紹介したが、同じ頃公共図書館界では、ニューヨーク公共図書館などを参考に、ビジネス支援など課題解決支援サービスに注目する動きが広がっていた。このような視点は学校図書館のサービス向上にも不可欠なものである。

他方、大学、研究機関では二一世紀に入ってからデータ捏造等の科学研究における不正行為が相次いで発覚し、学部教育の段階から研究者倫理向上のための教育の必要性が指摘されている。しかしこれを効果的に実施しようとすれば、小学校の調べ学習の段階から始める必要があり、小中高の学校図書館と大学図書館との連携協力は不可欠である。しかも、事は単に研究者や教員の養成にとどまらず、国民の情報リテラシーの問題でもある。そう考えれば、公共図書館との連携協力ももちろん必要である。

今後このような広い視野からの図書館政策を進めれば、我が国の全ての図書館を、全ての国民にとって自身の課題解決を助けてくれる公共施設と位置付け、機能強化することができるはずである。

学校図書館もこのような大きな動きの中でこそ、『学校図書館の手引』に描かれた理想の姿に近付くことができるのである。

第Ⅱ部

第1章　まずは隗より始めよ ～学校図書館を活用する授業実践～

1 図書館活用を学校に取り入れる

元相模原市立大沢小学校総括教諭　赤木 裕朗

学校の特色は、「学校図書館活用教育」

相模原市立藤野小学校が学校図書館活用教育を二〇〇八年から始めて、八年目となった。当時、「読書」を学校の特色の一つにしようと手探りで進めてきた。

現在、「本の学校」「学校図書館を使った授業に取り組んでいる学校」と言われるくらい子どもたちや保護者、そして地域にも学校の特色として定着している。ここでは、学校の特色となった学校図書館活用教育についての取組について紹介していきたい。

（1）本と出会う〜ブックショップ

初めに取り組んだことは、「読書環境の整備」である。教科書で紹介されている本や、朝読書で推薦されている本を中心に購入し、書架に並べた。書架に新着図書が入れば子どもたちは本を読むものと思っていたが、新しい本を入れただけでは読むことにはつながらなかった。たくさんの本の中から自分の気に入る本と出会うことはとても難しいことであったようだ。そこで、本と子どもたちが出会う取組を始めることとなった。

読み聞かせやブックトークを取り入れて、本の面白さを紹介する機会を意図的に設けるようにした。また、国語の授業の中で、読んだ本を紹介し合う活動に多く取り組むようにした。その中でも、現在、学校の特色の一つとなった「ブックショップ」を紹介したい。

「ブックショップ」は一言でいうと、お気に入りの本を様々な表現方法を用いて紹介する活動である。子どもたちは、学級で夏休み前にテーマを決め、夏休み中にテーマに合った本を選び、二学期になるとお気に入りの一冊を紹介し合ってクラスで数冊に絞り込んでいく。今でいうビブリオバトルに近いような方法である。クラスのお奨めの本が決まると、その面白さが一番伝わる方法を考えて表現していく。このブックショップは、保護者や地域の方にも公開され、来校した誰もが本に触れる一日となっている。紹介された本は、学校図書館にコーナーを設けて展示されるのだが、翌日からしばらく貸出が続く状態となる。

（2）本が好き〜読みの質と量を高める

一冊の本を最後まで読むことができない子どもたちの姿を見かけた。なぜ、最後まで読めないのかを尋ねると、「同じような感じで話が進み、変化がない」「登場人物の関係がわからない」等の答えが返ってきた。読みの質を高める必要性があると考え、国語科の授業で学んだことを自分の読んでいる本で試すという授業づくりをすすめた。本を読んで感じたことを、絵や読書郵便、ポスター、キャラクタープロフィール、帯、ブックナビ等、学年に応じた表現方法で表現するように体系的に指導や活用を進めた。また、子どもたちの読書量を増やすために、一～六年生の読書の記録を蓄積できる読書記録カードを作成した。さらに朝のスピーチ活動などでは、「本の紹介」などを取り入れ、学級経営の中に「本」を位置付けるようにした。思い出に残る一冊として『一瞬の風になれ』（佐藤多佳子著　講談社）がある。市内の六年生が集まっての連合運動会が開催される。その中で、学校代表としてリレーに出る子どもたちの中でこの本が読まれ、主人公やチームに共感する感想が学級の中で交わされた。本の話題が学級の中で交わされ、子ども同士や教師とも本でつながる学級になり、学校図書館活用教育の柱の一つである「本が好き」につながっていったように思う。

（3）本が使える～調べてわかったことを伝えよう

「本が好き」の取組をはじめて、読みの質と量がある程度保障されたところで、「本が使える」という二つ目の柱で学校図書館活用教育をさらに進めることとした。

まずは、図鑑や百科事典の使い方指導から始めた。また、課題の設定の仕方、必要な情報を抜き出す・まとめる力、調べてわかったことを伝える力など学習過程にも重点を置いて実践を進めた。特に、本から必要な情報を抜き出す方法として、五・六年生では、情報カードを使うことにした。そのために、一・二年生ではワークシート、三・四年生ではわかったことカードなど、体系的な「学び方」指導へと進めていった。この取組から、学校全体での体系的な「学び方」指導の必要性を感じ、より一層学校全体で学校図書館活用教育を進めていくことになった。

（4）家庭・地域～一緒に学校図書館活用教育に取り組む

学校図書館活用教育を進めていく中で、当時の福川裕史校長（現相模原市立大野北小学校長）の「学校図書館教育が長く根付いていくには、家庭や地域の理解や協力も必要」という言葉を受け、二〇一〇年より家庭や地域と一緒に取り組むことも行ってきた。

家庭での読書を推奨する家読週間を毎月設けて、保護者による読み聞かせや親子で同じ本を読む、親子で同じ時間に読書をするなどの方法で行った。また、同じ本をみんなで読み、感想を交流する活動も行った。この活動を通して、学校での取組を保護者にも理解してもらうきっかけとなった。

PTAでは、活動に学校図書館活用教育に協力するという項目が規約に設けられた。学校図書館整備費が予算化され、子どもたちのリクエストの本や好きなシリーズの本などの購入に充てることができた。

地域では、学校図書館ボランティアを募り、読み聞かせ部門と図書館・資料整備部門の二つをつくった。学期ごとに学校図書館ボランティアの会議を設け、活動内容を検討して進めた。読み聞かせ部門は、各学級での読み聞かせに取り組んだ。図書館・資料整備部門では、朝日小学生新聞を資料として使うために情報ファイルの作成を担っていただいた。これは、調べ学習の一つの資料として大きな役割を果たすものとなった。

最後に公共図書館との連携である。特に、学校に一番近い大きな図書館である橋本図書館との連携を図った。橋本図書館に研修をお願いし、ブックトークの方法や団体貸出利用について研修を受けることができた。このことで公共図書館がより身近な存在となり、頻繁に団体貸出を利用するなど、学校図書館活用教育を推進していく上で大きな力となった。家庭・地域そして公共図書館と連携できたことが、学校図書館が学校の特色となったことに大きくつながったように思う。

(5) 学校図書館活用教育支えてくれた人たち

これらの活動を支えてくれた方々についても紹介したい。まずは、図書整理員（相模原市の学校司書の呼称）である。ブックショップで取り上げた本や季節のお奨めの本の展示など学校図書館の環境整備はもちろんであるが、学校図書館ボランティアの窓口を司書教諭と一緒に担っていただいた。また、調べ学習では、学習に必要な本の準備や子どもたちが情報を抜き出すときの学習支援など、学校図書館活用教育を推進していくためになくてはならない存在である。

学校図書館活用教育を進めるにあたり、帝京大学教育学部鎌田和宏教授に指導・助言をいただいた。年に数回、授業研究はもちろん職員や保護者への講演、学校図書館の整備等、様々な場面で関わっていただいたことが学校図書館活用教育の充実につながった。その他、松江市学校図書館支援センターの体系立った学び方指導、松江市立揖屋小学校や鶴岡市立朝陽第一小学校の授業実践などからも大きな影響を受け、学校図書館活用教育が進んだ。

(6) 終わりに~子どもたちの変化から

学校図書館活用教育を進める中、子どもたちはどのように変わったのだろうか。一人一人の読書量が増えたことはもちろんであるが、彼ら自身が、学校図書館を学校の特色として捉えるようになったことが大きい。新入学児童の学校見学のとき、ペアを組んだ六年生が学校図書館を必ず案内するようになったのである。このことから彼らにとって学校図書館は大きな意味がある場所となったことが伺える。また、進学先の中学校の先生から「調べ学習のとき、インターネットではなく、まず本を使って調べ始める姿を見ると藤野小学校出身だとわかる」という話も聞く。手探りで始めた学校図書館活用教育であったが、確実に学校の特色になったように思う。そのことを子どもたちの姿から確認できたことは嬉しいことである。これまでを振り返り、「できるところから学校図書館活用教育を進めること」、さらに、「子どもたちの成長に合わせて少しずつ実践を進めて広げていくこと」が学校に図書館を取り入れていくことになるのではないかと改めて思う。

2 司書教諭として授業する ～学校司書がいるとき、いないとき～

元長崎県佐世保市立大野中学校司書教諭　山本　みづほ

学校司書がいないとき

平成一七年度の長崎県はまだ学校司書配置が珍しかった。県がその予算の半分を出すので配置をしないかという通達があった。わずか一〇名の枠に殺到するとの予想に反し、「あと半分の予算がないから」との理由で希望は二市と二町のみ。佐世保市は四名の枠を手にした。長年の夢だった学校司書との協働授業を夢見て希望するもかなわず、市教委に理由を聞くと「まずは効果検証のために貸出冊数の少ない学校から配置するので、市内一の貸出冊数の学校には配置できません。」と言われた。以後、二校異動したが、学校司書の配置はなかった。

私一人の図書館活用授業は、国語科での生徒のブックトークから始まった。司書教諭発令なし、全校一〇学級程度で一学級が三〇人未満の学校だが、市立図書館に出前授業を依頼し、まずはブックトークの何たるかを見せた。準備から実演、相互評価まですべて個人活動。定着した頃に、以前勤務していた大規模校にまた異動。司書教諭発令に、前回頓挫の図書館移転計画を復活させようと思った。全校一八学級で一学級ほぼ四〇人。四階隅の一教室分の広さで、座席数わずか一二。参考図書を置いた二階の第二図書室は、ほぼ物置だった。でも授業をしたい。仕方なく、教室でブックトークの説明を行い、最大四名、一人でも可という形での生徒の取組となった。市立図書館の出前ブックトークも学級が多過ぎて調整がつかず、私が手本として行った。狭い図書室で本を探し、椅子のない生徒は書架の天板を机代わりに、立ったままでシナリオを作った。それらの様子を図書館ボランティアには参観してもらい、空き教室を改築しての「新図書館づくり計画」を打ち明け、賛同を得ることができた。市議会議員を巻き込んでの新図書館改築移転は、話し出すとそれだけで一章が終わってしまうので割愛する。

平成二四年度、新図書館完成の秋以降、とにかくそこにいる時間が必要で、私の国語の授業はすべて図書館で行い、生徒が移動する一〇分間も館内整備。授業は、四、五人一班、全部で九班でのグループ学習を行うことにした。机間巡視で生徒のノートをのぞきながら、書架整理、ゴミ拾い。国語リーダーを指名した班学習なので、教え合いが広がり、授業中に出た疑問が館内資料で、即座に答えを出せるようになった。授業の関連図書を、生徒にワークを解かせながら、「山本先生の国語の授業関連図書コーナー」に集めた。私が図書館にいると、他教科の教員からの相談や、資料の提供を求められることが増えた。他教科と連携の図書館での調べ学習では、自分の授業を教室で行い「このページのワークをやっておいてね」と生徒に自習をさせ、図書館に駆けて行き、準備した資料が足りているかを確認したり、アドバイスをしたりした。教員自身が図書館での授業経験がなく、「生徒が勝手にやりますよ」と事務作業をしていて、やっぱりのぞきに来てよかったということが多々あった。

「道徳に今から使いたいから『世界がもし百人の村だったら』が欲しい」、「『エルトゥールル号の遭難』ありますか」空き時間で授業準備をと予定していても、生徒指導に時間を奪われ、授業ぎりぎりの駆け込み依頼も日常茶飯事だった。私も、一時間ごとに状況把握の必要がある生徒指導事例が起これば、一〇分の休み時間は、毎時間職員室に戻って学年職員との情報交換となる。館内にいることが難しい状況だった。

学校司書がいるとき

平成二五年度、市立図書館との協力校提携を結び、授業活用に力を入れたいと希望して、念願の学校司書配置が実現した。私の学校に来たKさんは学校司書配置事業の初年度に勤務し、途中常勤講師として離れたが、やっぱりこの仕事が好きだと二校兼務でも復帰した熱くて優秀な人材だった。市内の司書も一八名に増えていた。今後全校配置となるよう、市立図書館長と学校支援担当司書と連携し、結果の出せる取組を目指した。

これまでに、私自身、海外の学校図書館や、首都圏の図書館先進校の友人たちの探究学習の取組を見てきたので、やりたいことはたくさんあった。学年主任を外れ、万全の態勢を整えて司書を迎えて真っ先に行ったのが、新入生オリエンテーションである。今までは校舎見学の途中にわずか数分で行っていたが、朝の一斉読書の時間に一クラスずつ七回実施した。案内のパワーポイントも配布資料も、私が授業に行っている間にKさんが作成完了。一クラス終わるごとに、二人で反省会をすると、昼休みにはパワーポイントはすでに調整済みで、プロの仕事に大感激だった。次は私が持つ三年生の国語科五クラス対象に、ブックトークを依頼した。教科書を渡し、この単元では何を中心にしたいかを伝える。そこから組み立てるKさんのブックトークに対する生徒の反応は、導入時では、これから学ぶことに大いに興味を持ち、学習後の発展では、紹介された関連本に人気が集中した。学びが生徒の心にひろがりながら浸透していくのが見えるようだった。司書との協働授業は、いつでも参観OKにした。廊下を歩きながらのぞき見もでき、「三年生ばかり司書の先生が授業に入るのはずるいよ」と声が上がってきたので、一、二年生国語でもKさんとの協働授業が実現した。

また、市立図書館の協力校ということで、資料貸出し冊数無制限の恩恵にあずかるとともに、学校支援担当司書の毎月訪問というおまけもついた。訪問日に調べ学習を設定し、どの資料がどう活用されているかを直接見てもらい、今後の資料選定に大いに役立ててもらった。極めつけは、館長の発案で、市議会議員による学校司書との協働授業の参観を企画、文教厚生委員七名が参観した。質疑応答時に、三年生の『奥の細道』の導入で使ったKさんのパワーポイントの資料画面を食い入るように見つめる議員さんがいた。旅の距離と日数から「芭蕉忍者説もあるんですよ」と話すKさんに、つかつかと寄ってきたその方は「おいもそがん思うとった（私もそう思っていた)」と感動を抑えきれない様子だった。

「一校に一人司書は必要」と全員一致の意見で終わった懇談会だった。しかし、翌年の司書配置はなかった。

ふたたび学校司書未配置とこれから

平成二六年度、図書館担当はまさかの私ひとりと逆戻りした。できる限り学校図書館で自分の授業を行いながらも現状維持を図った。ボランティアさんが見かねて毎週のように来校してくださった。季節の展示も、特集コーナーも、てきぱきと、Kさんが残したグッズと資料を利用して助けてもらった。せめて昨年並みの授業利用ができるようにと努力した。しかし、市立図書館から宅配便で送られた資料を、伝票とともにチェックしながら段ボールの箱から出すのも、調べる内容によって資料を分けるのも、放課後の暗くなった時間に一人で作業することになった。返却のための箱詰めは、ボランティアさんに助けを求めた。昨年は、学校司書と二人で、この資料はどう使う?と楽しみながらの箱開けと、この資料はこう使えたとの付箋を貼って市立図書館に返却する余裕があったというのに。司書という名の付く教諭でありながら、学校の事情によって、図書館にいることすら難しい司書教諭。「人」がいて初めて図書館として機能するはずなのに。前年度の学校司書との協働授業は、東京学芸大学の「先生のための授業に役立つ学校図書館活用データベース」に掲載してもらい記録を残し、公開している。

平成二七年度、佐世保市の学校司書は一四名。残念ながら一人五、六校兼務で、数字上は市内七六校一〇〇%配置となった。前述の授業の様子の日常化への道は遠い。昨年度末で早期退職した私は、今も、司書と司書教諭の悩みを聞き、その配置や仕事時間の確保について関係機関に働きかけることだけは続けている。

3 国語教員として・司書教諭として

新潟県立新潟高等学校司書教諭　押木 和子

司書教諭になるまで

駆け出し時代の私は、司書教諭の資格を持っていなかったが、学校図書館は学びの場だという確信があった。今でも私は、自分が学んできた小中高の学校図書館の様子を鮮明に思い出すことができる。もちろんそこには司書が常駐していた。小学校時代には担任が司書と打ち合わせて図書館を使った授業を行っていた。私が学校図書館という場に親しみを感じるのは、この原体験があるからだと思う。

司書教諭講習を受けたのは、三校目の通信制高校に勤務していた二〇〇〇年だ。通信棟には図書館がなく古い本が教室の一角に並んでいるだけだった。

新しい図書を加えて魅力的な空間にしたくて講習を受けた。講習は興味深いものだったが、それだけでは動き出せなかった。知識は抜け落ちていくし、自分一人で動くことが不安だったからだ。資格はとっただけではどうにもならない。研修を重ね、実際に働いてこそ価値がうまれる。

その頃から、全国の学校図書館関係の研修会に参加するようになり、多くの出会いを経験した。県内の自主勉強会にも加えてもらった。その会の司書たちが通信制の書棚作りを手伝ってくれた。例会のたびに図書を紹介しあい、ブックトークの実演や本の一〇〇字紹介を体験し、各学校図書館の事情や事例を学んだ。

（1）「図書館」を利用する国語教員として

その後、通信制から全日制に転勤した。分掌は生徒指導部で図書館の担当でなかったが、異動先の学校は広くて活気ある図書館があった。司書は図書館オリエンテーションの時間を確保できないことや、読書する生徒としない生徒の格差があることを気にかけていた。翌年一年生の担任になると、私は「国語総合」の四月の授業時間中に図書館オリエンテーションを行うことを提案した。入学直後に一年生全員に図書館の使い方を教え、その場で本を借りる体験をさせたかったからだ。その後司書や、同じ学年担当の国語教員と相談し、年に四回の読書課題を出すことにした。まずは日本文学、次に世界文学、そして自然科学分野の新書、言語社会分野の新書の順で課題本を読ませ、レポートを書かせるのだ。ジャンルごとに数冊ずつ課題本の候補を挙げた。司書は、読書のきっかけとなるとなるようにと生徒たちにブックトークをしたり、課題本の展示を行ったりして、協力してくれた。

二度目の担任のときには、異動してきた司書と国語科の図書館授業を模索した。彼女は単発の図書館利用ではなく、継続的な読書指導を行うプログラムを考案してくれた。高校一年生に、大学入試の小論文対策と称していきなり新書を読めというのは難しい。そこで段階的に新書の読書を促していく計画だ。これで読む生徒と読まない生徒の差を少しでも縮めたかった。他の国語科教員に説明し、協力を求めるのが私の仕事だった。

その一回目として図書館オリエンテーションを位置付け、二回目には、生徒にこれまでの読書履歴と、これからの読書計画を作成させ、夏休みの読書に向かわせた。三回目は「新書と小説の違い」の授業を司書とのティーム・ティーチングで行った。司書が新書と小説の単行本を具体的に示し、装丁や中身を比較して見せる。その後生徒が一人ひとり実際に新書と小説本を手に取って、ワークシートに違いを観察して記入し、班で発見したことを共有し合う授業である。四回目が「新書の点検読書」だ。

点検読書とは『本を読む本』（アドラー、ドーレン著　外山滋比古・槇未知子訳　講談社）の中に紹介されている方法だ。その本は自分が読むのに値する本かどうか、目次や序文、索引などを読み、概略をつかんで点検する読書のことである。司書は、点検読書用に、序文がついていて、高校に読みやすい新書を二一タイトル選んで、二セット用意してくれた。これで四二人までの授業に対応できる。ワークシートに沿って、生徒が一斉に自分の選んだ新書を点検していく。この読書の要は、序文を正しく読み取って要約する作業だ。それを通して、筆者が誰を対象に何について述べているか、今、自分が読むべき本かどうかを判断する。最後に同じ本を担当した別の生徒と相互評価しあう。この一連の授業をシラバスにも加え、毎年一年生の国語総合の授業に取り入れるようにした。授業者の取組には当然温度差が生じたが、司書が積極的に授業に関わってくれたため継続はできた。

それ以外にも、司書に助けられて生徒にミニブックトークをさせる授業や、修学旅行の事前学習の授業を図書館で行った。また大学入試センター試験後の特別編成授業では三年の進路決定者を対象に「卒論」という探究学習を行った。司書は探究学習のやり方には厳しかった。テーマ決めを安易にしてはいけない。複数の資料にあたらなければ「調べ」ではない。資料の丸写しではなく、正しい引用を教えよ。考察がなければレポートと言わない。やらせっぱなしでなく教員が適切な指導と評価をしなければならない等、司書に多くの助言をもらった。

(2) 司書教諭となって

数年が経過し、ようやく私は「図書情報」の分掌に配属され、司書教諭になれた。だが頼りにしていたベテラン司書はご退職になり、新任の司書と手探りで図書館運営を行わねばならなかった。係職員の仕事として、図書委員の運営や選書、おすすめ図書のリスト作成に関わり、カウンターに立った。図書委員会主催で読書会や地域の読み聞かせボランティアによるお話会、書店員を講師にしたポップ作り講座などを開催した。図書館準備室に四人の職員が常駐していたので、このような多彩な行事や仕事をチームワークよく進めることが可能だった。

一番苦労したのは「卒論」指導だ。前任の司書の作ってくれたワークシートを元に授業の流れを作り、発表会までを計画したが、結局毎日個人指導にあたらねばならない。多様なテーマへの対応は、面白いが多忙を極めた。司書と協働できたからこそ、可能な授業だった。また前任の司書の厳しい教えや資料が大変役立った。

二年目の大仕事は、耐震工事のための引越しと、新しい図書館のレイアウトを考えることだった。県内外の様々な図書館関係者から引越しの方法を教えてもらい、司書と綿密に計画を立て、図書委員の生徒とともに本をダンボールに詰め込んだことは忘れられない。新しい図書館が完成し書架に本を並べきったときの喜びも格別だった。

(3) 司書教諭としての現在

二〇一三年に現任校に異動となり、今度は最初から司書教諭の発令を受けた。閲覧室は書架室と区切られており、主に自習室として利用されている。九類の本は少な目だが貸出は盛んで、古い新書や全集を借りに来る生徒もいる。すでに図書館の授業利用もあったので、私も国語の授業で図書館を活用した。学校により求められる図書館像は異なる。進路指導と、生徒の知的好奇心に応えられる図書館を目指そうと思った。

進路指導部の意向を確認して進めたのが、職員のおすすめ図書の展示と、医療関係図書の収集である。医学部進学希望者が多いので、入り口近くの一番目につく場所に医療図書コーナーを設けた。同時に職業や学問を知るための図書も集めた。理数科の「課題研究」にも関わりたくて関連図書を準備して活用してもらっている。

また現任校は全校で、始業前の一〇分間に朝読書を行っている。朝読書を形骸化せずに継続していくためには、学校図書館が関わる必要がある。生徒と職員に関心を持ってもらうために、私は「朝読通信」を発行することにした。説教臭くならないように朝読の意義を語り、授業や学校行事に関係する蔵書を紹介し続けている。

最近強く思うのは、多くの教員に司書教諭を体験してもらいたい、学校図書館の可能性に関心を持ってほしいということだ。学校図書館が授業も生徒も変え、逆に授業や生徒が学校図書館を変えうると私は信じている。

コラム

ＭＬＡ連携で授業を支える

～博学連携をコーディネートする～

千葉県袖ケ浦市立昭和小学校司書　和田　幸子

中学校の学校司書として一五年間、様々な教科と連携を行うことができた。そのきっかけになったのは、袖ケ浦市郷土博物館（以後「袖博」）と連携した一九九九年の実践である。何の経験も持たずに中学校の学校司書になった私は、学校という組織の一員として生徒や先生の役に立ちたいと気持ちだけは燃えていたが、なかなか授業との連携が進まない一年目を過ごしていた。

そんなとき、「袖博」の出前博物館と出会った。当時『少年Ｈ』（妹尾河童著 講談社）が人気図書の一つだった。ある日、袖ケ浦郵便局で、「袖博」による「袖ケ浦百年歴史展」と題した展示コーナーを見つけた。そこには、『少年Ｈ』に出てくるゲートルや、鉄兜、水筒、大日本国防婦人会のたすき等が展示されており、中でも私は、千人針に釘づけになっていた。これを生徒たちに「見せたい」と思い、恐る恐る「袖博」に電話をすると、出前博物館をやっていて、あらゆる展示品を貸し出してくれるとの嬉しい返事をいただいた。

管理職と司書教諭の許可を得て、目的や開催日時、展示する品等の相談を重ね、「袖博」から展示ケース・展示ボード・写真パネル・ガラスケースなどを借り受け、設置とレイアウトもお手伝いいただいた。こうして学校図書館に、「昭和の暮らし博物館」が出現した。その間私は、関連書物を図書流通システムの利用により、公共図書館や他校から集めて展示し、ブックリストを作成した。また、先生方への図書便りを作成して、出前博物館の意義、学校司書が資料の説明や、関連図書を紹介する用意があることなどを知らせた。先生方は学校図書館でそんなことができるのかと驚き、学校司書がブックトークをすることを初めて認識してくれた。

すると三年の国語と連携して、戦争時の暮らしを調べてまとめ発表をする連携授業や、私が「戦争中の子どもたちの暮らしを見つめよう」というテーマで本と展示品を紹介するブックトークを実現することができた。

生徒たちは、千人針を触ってみることにより、一針一針にこめられた、兵隊さんの無事を願う心を感じることができ、当時の雑誌『少年倶楽部』に少年兵募集の記事が載っているのを見て、子どものための本にまで、色濃く戦争が入りこんでいたのを実感し、レポートにまとめ発表することができた。次年度には、先生から声がかかり、再び出前博物館を利用した授業を展開した。さらに、地元の戦争体験者を招き、一四歳で食料増産隊として満州に出征した体験をうかがうことができた。その後勤務した三校の中学校で、国語の授業と連携した戦争展示品の紹介を毎年続けることができ、映像を加え、先生とともに行うブックトークや、生徒に資料の一部を朗読してもらう参加型のブックトークへと進化させることができた。ブックトークの後で、ある先生から「日々、部活指導、生徒指導に追われているけれど、私はこんな授業がしたくて教師になったのです。」と感謝の言葉を告げられたときは、授業をサポートする喜びとやりがいを感じた。

転任した中学校では、「袖博」との連携経験を活かして、空き教室を使った展示室での展示会を毎年行った。図書委員とともに展示や掲示を行い、美術部に看板作成をお願いし、教科担任に働きかけて連携授業を行なってきた。多くの先生方や生徒に係わってもらうことで、学校全体を巻き込んだ展示会になるよう心掛けてきた。現在、小学校へ異動して二年目となり、学校図書館内にあるガラスケースを活用した歴史の玉手箱（展示品紹介）を行っている。今回展示している恐竜の卵とフンは子どもたちに大人気だ。また六年社会の発展学習として、近くの坂戸神社古墳にある前方後円墳の見学や事前指導などを学校図書館が博物館学芸員と連携して行っている。

「袖博」の協力に感謝して、今後も多くの博学連携をコーディネートして授業を支えていきたいと考えている。

コラム

プチ授業支援

小林聖心女子学院専任司書教諭　山本　敬子

生徒と同じように教員も、個人的な興味関心や研究、授業準備や教材づくり、落ち着いた時間を過ごすために図書館に足を運ぶ。資料・情報や居心地のいい場所を提供しながら、利用者が向き合っている課題解決の手助けをすることに、対生徒も対教員も変わりはない。しかし、教員へのレファレンスは、授業やその他の教育活動を通して生徒に還元されるという大きな意味を持つ。

前任校に学校司書として着任した当初、司書資格のみで司書教諭や教員免許は未取得、知識や経験も皆無では授業のねらいなどわかるはずもない。問い合わせに対してただ忠実に、関連する資料を提供していた。生徒のレファレンスでは課題の答えまで教えてはいけないこと、生徒自身が必要なことをうまく言語化できないことなどから、利用目的を尋ねることは往々にしてあったが、教員に対しては遠慮があった。その遠慮が不要な場合もあると感じたのは、ためらう私の目前で司書教諭が教員へ質問を繰り出した結果、質問前より目的に応じた資料を提供できたことによる。踏み込んだ質問には信頼関係が重要だという考えに今でも変わりはないが、個人的な信頼に加え、学校図書館そのものに対する信頼のもと、レファレンスが寄せられると考えられるようになった。

前任校で一五年勤めたときのレファレンスはこう変わった。

「フェアトレードについての本ある?」

そう口にしながら図書館にやってきた教員に、二冊ほど資料を手渡す。内容を確認する教員に尋ねてみる。

「もっと他の内容を探されていませんか？」

関連資料を他にも用意する姿勢を伝えると、なぜその本を探しにきたかという話につながっていく。

「実はフェアトレードで授業をしようと思って」

授業関連だとわかったら、科目・学年・クラス・人数や、いつから、どれぐらいの時間をかけて授業を考えているかを尋ねる。このときは調べ学習ではなく、翌週の授業でフェアトレードの解説をしたいということだった。

早速に教科書を開き、わからないことを質問しているうちに、自然と教員が語り出す。単に知識を詰め込むだけではなく、自分たちの暮らしに身近な問題だと伝えたいと。

「具体的なモノ、特に食べものは生徒たちの反応がよさそうですよね。チョコレートなんかどうですか？」

「この辺でフェアトレードのチョコレートって手に入るの？」

「近くの雑貨屋さんで見かけました！」

最寄り駅からお店までの経路を説明する。さらに、カカオ、コーヒー、チョコレートを題材にフェアトレードや児童労働などについて解説した本を追加で紹介し、数冊を貸し出した。授業支援というと、何時間もかけて行う探究的な学習や情報活用に関するガイダンスに目を奪われがちだが、このような何気ない日々のレファレンスもまた、一つの授業支援。ここで紹介した事例が完璧なものではないにしろ、レファレンスの積み重ねが、探究的な学習への支援にもつながっていく。前任校を退職する際、前述の教員から「学校図書館の資料や何気ない会話から、授業づくりのヒントが得られて有難かった」との言葉を餞別に頂いた。しかし、新しい学校に移って一年目の今、生徒や教員の置かれた状況がわからず、すべてが一五年前の振り出しに戻ったように感じることがある。個人に蓄積されるスキルはあれども、学校を知り、生徒と教職員を知り、信頼関係を育むことが、内容の濃いレファレンスや授業支援に欠かせない。地道にレファレンスを重ねる毎日は続く、どこまでも。

第2章　探究学習と情報リテラシー教育

1「こんな授業をしませんか？」から始まった　～小学校で卒業研究に取り組む～

大阪府豊中市立桜井谷東小学校図書館専任職員　頭師康一郎

本校の六年生が「卒業研究」に取り組むきっかけとなったのは、当時五年生担任だった先生の言葉がきっかけだった。「この子たちが六年生になった時に、大学生みたいに一年間かけて、自由なテーマで調べ学習をしてみたら面白いんじゃない？」それは、本校図書館見学会での情報交流で出た言葉だったが、この言葉に至るまでには学校図書館専任職員（以下、学校司書）として様々な経験や知識を積み、校内で働きかけをしたからこそだと今になって思う。

年度途中の決断、赴任三か月での大改装

私が本校に赴任してきたのは今から約六年前である。それまでは別の市で、小中学校二校兼務で学校司書とし

て働いていたのだが、六年前の一学期が終わる頃に、突然「豊中市に勤務していただけませんか?」という連絡があった。その前年度に豊中市の採用試験を受け補欠合格だったのだが、欠員が出たため急遽豊中市に来てほしいということだった。学校現場は四月から翌年三月まで一年単位で物事が動くため、年度途中から人が入れ替わるのは学校にとっても、子どもたちにとっても良いことではない。しかし学校司書の雇用条件は厳しい。その機を逃せば次にいつ良い雇用条件が舞い込んでくるかわからない。豊中市は雇用条件面が格段に良く、また学校図書館が充実しているという話も聞いていた。一念発起し、年度途中から豊中市に勤務する決断をした。年度途中で赴任した豊中市は、毎月学校司書が集まる連絡会があり、学校司書としての専門性向上のための研修等も充実していた。市内全小中学校に配置されている学校司書はどの方も熱意があり、市全体で学校図書館教育の向上に熱く取り組んでおられた。しかし、図書館システムが導入されていないなど、環境面ではまだまだ厳しい状況だった。私が赴任した桜井谷東小学校も環境面では決して恵まれているとは言えなかった。図書館が二部屋に分かれており、子どもたちは読みたい本によってそれぞれの部屋を行ったり来たりせねばならず、それに応対する私もあたふたと部屋を移動しなければならなかった。本の配置も分類順に並んでおらず、本が探しにくかった。そして何より、二部屋に分かれていることにより教職員の目が行き届かないという、安全面で大いに問題があった。そこで、図書館を広いほうの一部屋にまとめる改装を行うことにした。司書教諭の先生と図書館のミニ模型を画用紙で作製して書架の配置などを検討し、職員会議で新図書館を図面で提案してほかの先生方の理解を得たのち、不要な資料を大量に廃棄し、さらに冬休み貸出で一気に本が減っている間に、先生方や高学年の子どもたちの協力を経て、赴任してわずか三か月で一気に改装作業を行った。冬休みが終わり登校してきた子どもたちや先生方は、「見違えるようになった」「本の置き場所がわかりやすくなった」「前々からひとつにした方が良いと思っていたが、こんなに早くできてしまうとは」と好評を得た。古い資料がなくなりサイン等を作り替え見やすくなった書架は、本を廃棄しているのに「本の数が増えた」という感想が子どもたちから出たほどだ。図書館の環境づくりにまずは成功した。

待っているだけでは変わらない、自ら仕掛けていく姿勢

使いやすい図書館をつくり上げ、次の目標は、授業で図書館が活用されるようになることだった。学校図書館はただ単に本を読むだけの場所ではない。「学校の教育課程の展開に寄与する（学校図書館法第二条）」のが学校図書館の役割である。それまでは授業で資料を使われてはいたものの、先生からテーマを言い渡され、それに合わせて資料を数十冊用意してそのまま渡すだけだった。子どもたちは与えられた資料から自分が良いと思う箇所を新聞やポスターに写すだけである。これでは、自ら積極的に課題を見つけ、課題解決のための情報を収集し活用する力は身に付かない。そこで、図書館を授業で活用してくれそうな先生に個別に「図書館を使ってこんな授業をしませんか？」と持ちかけて一緒に授業づくりをし、実際に図書館を活用した授業を行った。そういった働きかけをいろいろな学年の先生に行い、図書館を活用した授業の実績を積み重ねた。冒頭の授業見学もその中のひとつだ。見学後の情報交流では見学者、担任の先生に加え校長先生や教頭先生も交えて「学校図書館を活用する授業では子どもたちが自ら課題を見つけ探究していくような授業づくりが必要であること」「そういった授業づくりは学校全体で取り組む必要があること」を話した。冒頭の先生の言葉も、こういった先生たちへの働きかけがあったからこそ生まれたものだった。これが、赴任して二年目の三学期末のことである。

多くの学校では、年度末反省というものを三学期末に行う。一年間取り組んできた様々な学校教育活動に関して、教職員がそれぞれ反省点を出し、職員会議で話し合い来年度に向けての改善策を考える。その年度末反省に、「学校図書館教育は学校司書ひとりでするものではないこと」「学校司書は授業づくりの専門家ではなく、授業づ

くりは先生たちと学校司書が協働で行うこと」「学校全体で一年生から六年生まで系統的に学校図書館教育を行うための研究活動が必要であること」を挙げた。その結果、次年度からは「情報教育研究部会」という学校図書館教育を研究する部会が立ち上がることとなった。

三年目、ようやく学校図書館教育を推進する環境と体制が整った。一年生での乗り物調べ、二年生での動物クイズ作り、三年生での研究レポート作成など、各学年で図書館を活用する授業が積極的に行われ、子どもたちに情報活用力が身に付くような授業を次々と先生たちと一緒につくっていくことができた。その中で特に特筆すべきなのが六年生の「卒業研究」である。

「卒業研究」の失敗から見えた今後の展開

「卒業研究」は子どもたち一人一人がテーマを決め、一年間かけてそのテーマについて調べてレポートを書き発表をする。冒頭の五年生担任の先生がそのまま六年生に持ち上がり、情報教育研究部会の立ち上がりと同時に卒業研究に取り組むこととなった。しかし、この初めての卒業研究は予想以上に大変なものだった。この学年の子どもたちは、そもそもこれまで系統的に探究型学習を指導されていない。そのため、テーマ決定や情報探索、レポート作成などすべてを一から指導しなければならない。そのための授業づくりの積み重ねもなかった。さまざまな関連文献等を読み漁り学年会議等で担任と学校司書が話し合いひとつひとつ授業を作っていった。卒業研究は隔週で授業を行っていたが、毎回授業づくりは授業の直前までかかっていた。また、初めて卒業研究に取り組んだ際にはテーマに制限を設けなかった。子どもたちは自分の興味・関心に基づいて魅力的なテーマを設定していたが、半分以上のテーマは子どもたちにとっては難易度が高すぎた。児童書がなく大人向けに書かれた難解な情報しかない、子どもたち自身で情報を探し出すことができないなど、情報探索の部分で子どもたちがつまずいてしまうことが多々あり、結局本来は子どもたちが自分ですべき情報探索を学校司書が代理ですることが多くあった。その結果、完成したレポートは文章量や情報源の数に大きな差があった。子どもたちはレポート完成に達成感を感じ、この一年間の指導がなければこのようなレポートを完成させることもできなかっただろうが、担任・学校司書としては反省点が数多くあった。

その後一年の間を置いて、平成二六、七年度と再度卒業研究に取り組んだ。一回目の反省を踏まえ、テーマを仕事に限定し、さらに子どもたちが自ら調べられそうな職業をあらかじめリストアップし印刷・配布した。また、合計二〇回の指導計画を初めに作成して計画的に指導を行い、子どもたちにも学習目標と一年間の予定表を配布した。子どもたちが調べる職業すべての参考文献をあらかじめ五〜一六ほどピックアップしておきいつでもレファレンスに応えられるようにし、子どもたちが検索の際に使うキーワード(件名)や分類記号リストも配布した。授業づくりでは「情報の信頼性」「著作権」「研究とは」「図書館同士のネットワーク（相互貸借)」など、この卒業研究だけでなく、中高生や大学生、大人になっても使える情報スキルを指導している。三回目の今年度は自分から学校図書館や公共図書館に行って情報探しをする児童が多々おり、フィールドワークも自らフィールドワーク先を探し出し、保護者に付き添ってもらい取材している。今後の課題は、一〜五年生で系統的に探究型学習を行い、六年生では情報スキルを指導する時間を減らし、情報収集と分析に時間を割けるようにすることと、保護者や地域の協力を経てフィールドワーク先をあらかじめ候補としてリストアップしておくことである。地域の人や関係機関も学校図書館が扱う情報源であり、学校図書館が学校教育課程の展開に寄与する可能性は、もっと広げていくことができる。

2 中学からの情報リテラシー教育
～生涯使えるリサーチ・スキルの獲得にむけて～

関西学院千里国際中等部高等部専任司書教諭　青山　比呂乃

はじめに

関西学院千里国際キャンパス（ＳＯＩＳ：Senri & Osaka International Schools of Kwansei Gakuin）では「新国際学校の設立」のため一九九一年四月に千里国際学園として開校した当初から、討論や論文等の参加型授業形態を重視して生徒の個性に沿った教育を展開してきた。また、授業での図書館利用が活発な英語圏の学校である幼小中高のインターナショナルスクール（ＯＩＳ：Osaka International School）と、日本の中学高校（ＳＩＳ：Senri International School）を併設する形態を今に至るまで継続している。教科の枠組や学習教授内容の捉え方が普通の日本の学校に比べると柔軟で、いわゆる「総合」のような取組が、随所に見られる。

このキャンパス全体への奉仕を任務とする図書館は、日本でもあまり見ない、幼小中高の園児・児童生徒を主たる利用対象にした、また自由読書よりも学習教授活動における利用を中心にしたバイリンガル図書館である。それは、ただ単に二言語の資料をそろえているということではない。日本語司書教諭（筆者）、英語司書教諭（アメリカ人、オーストラリア人、カナダ人等）各一名ずつが、原則、教科や担任を持たず専任で、キャンパス全体のカリキュラムを支え、利用者（児童生徒・教員）の利用形態も日英それぞれの学習教授課程が反映といった違いも意味する。ＩＢ（インターナショナル・バカロレア）認定校でもあるＯＩＳでは、小学校の段階でのリサーチに始まり、最終学年一二年生が仕上げるExtended Essayに向かって、多くの探究型授業を実施、生徒に研究活動が課されており、二学習スキル、リサーチ・スキルの獲得が、カリキュラムとして段階を追って展開されている。図書館またネット資料の活用は必須事項であり、特に最近電子化の著しい英文資料（全文データベースなど）の適切な利用方法の指導は、ＩＴの技術的な面も含めて、欠かせないものとなっている。

中学一年総合「知の探検隊」

(1)「基礎理科」での「科学史・科学者プロジェクト」― 立ち上げのいきさつ 一九九二年

それは、開校二年目のある理科教員との会話が発端となって始まった。当時、理科では、中学理科を今までよりダイナミックに教えていく方法を模索しており、試みとして中二・中三の二年間で、教科書の内容を物理・化学・生物・地学に整理して教えてしまうカリキュラム再編を考えていた。すると中一の一年間が自由になり、そこでは、生徒一人一人が「理科」を好きになるための様々な試みをしたい。一学期の始めの一人一台の顕微鏡を与えての解体から始まって、多くの実験や観察をして二学期間を過ごす。そして最後の三学期に、一年の総まとめになる少し重みのある内容のプロジェクトができないかというのだ。

筆者は、五年半の医学系大学図書館員としての経験から、世界の第一線での医学系研究では当時のオンラインデータベースによる論文情報検索等リサーチ・スキル習得が不可欠にもかかわらず、日本の高校までの学校教育では、まったくそのカリキュラムが存在しないに等しいことを痛感していた。当時そうしたスキル教育は、大学の研究室に入ってからその助手の先生方が個別指導するのが現状だったのだが、そのかなりの部分は、高校までの学校で段階を踏んで教えてしかるべきと思われたため、ＳＩＳのカリキュラムに何とか組み込めないか、と考えていたのである。さらには、発達段階に即した発表形態として、ＯＩＳ五年（小学校最終学年）で行われていた、図書館資料を使った人物調べとその発表形式をイメージし、「一人が一人ずつ、科学史上の人物を取り上げて伝記及びその科学的業績を調べて、きちんとした一〇ページ程度のレポートにまとめ、さらに生徒がその人物になりきって、単に読み上げるのではない発表するのはどうか」と提案したという次第である。

(2)「情報の技術入門」を経て、「知の探検隊」へ　一九九三〜二〇〇一年、二〇〇二年〜

こうして平成五年度一九九三年から七年間、中一理科「基礎理科」の中で最終一学期間を使って、多くの理科教員とティーム・ティーチングの形で「科学者・科学史プロジェクト」と銘打って実施した。筆者の立場から言えば、図書館利用スキル・学習スキルの習得を主眼にした内容の授業となる。その後、平成一〇年度一九九八〜九年にSOIS全体に学期完結制が導入され、理科の枠組内で実施するのが困難になったため、平成一二年度二〇〇〇〜〇一年には、今までの担当理科教員たちとも連絡しつつも、理科からは独立した「情報の技術入門」という「その他の科目」として、実際はやはり一学期間のみの授業として、筆者一人で担当、実施した。そして、実際に今まで担当してきた理科教員たち(元教務主任・現校長含む)をはじめ、そうした発表やレポートを見た担任や教科教員の間で、こうした情報収集・加工・発信のための技術を、入学したばかりの中一にある程度訓練し、本学における自主的な学習活動の姿勢を体得させることは、どの教科にとっても重要であるという認識が生まれていた。その結果、平成一四年度二〇〇二年から、中一への授業は中学総合科目「知の探検隊」として再出発し、現在に至る。これは週二コマの授業だが、「自分が本当に知りたいと思ったときに必要な、本当の勉強のしかた」を学ぼう、と一年間を通じて学習スキル、リサーチ・スキルを身に付けることを目的として実施している。調査するテーマは、参加教員によって変わり、一学期のテーマは、一四年度二〇〇二年はさしあたり、資料が必ずある「都道府県」としたが、翌年度は「もの(道具、材料等)」と変わり、生活科学科(家庭科)一名、理科二名、英語科一名(兼中一担任団代表)と私の五名で、三クラスを三名ずつで分担指導して実施した。

（3）現在の「知の探検隊」の概要　二〇一五年

その後の紆余曲折を経て、現在は、四クラスとも情報科教員と司書教諭を含む担当で、一クラスを一〇名前後の二つに分けた「探検隊」として、各二名の教員の隊長を置いて分担。一学期は三回の発表をする。テーマにするものは、一回目は、「歴史上の人物」、二・三回目は、「からだの器官について」。一回目の発表は、前年度の中一の人物プレゼンテーションを見た直後に、与えられたA3プリント一枚の情報を自分でまとめ口頭で一分間発表を行う。発表や情報加工のそれまでの経験の有無などを見、二・三回目の発表へと自己能力開発を促す。二回目は、一分間原稿作りは同様だが、一枚の図・絵を描いて、スライドとしてみせながらの発表。三回目は、二回目の情報にさらに自分で図書館の図書を使って得られた情報を加えて、三枚の図を使い三分発表する。図書館をうまく利用させるために資料の分散も考え、一つのテーマ（例：胃、血液など）を担当するのは、クラスで生徒一名だけ。事典類はコピーして利用する。図書館では、ＯＰＡＣの件名目録を極力整備しているので、書名や件名のキーワードから図書を捜すなど、できる限りいろいろな資料にあたらせる。

「知の探検隊」の二・三学期は、メインテーマ「人物とその業績」を扱う。人物は、人類に貢献する業績を残し、適切な資料が存在すれば、どの分野の人物でもよしとし、科学者、発明家、画家、作家、音楽家、スポーツ選手、思想家など古今東西のありとあらゆる者が集まる。まず二学期は、図書館にあるあらゆる資料（図書、事典、雑誌、新聞、有料データベース、ネット資料）を当たり、一〇件以上の異なる資料を探す。一方、見つかった資料をどう読みこなすか、消化して自分のものとして捕え直し、発表するまで持っていくかには、Ｂ６版の情報カードを使っている。必要な部分を資料からまず取り出してたくさんクリッピング、集まったカードを並べ直して、よく考え再構成し、レポートの形にまとめる。四〇〇字詰め原稿用紙一〇枚以上の長さである。

一方で、中一は一学期に総合の枠組の中で「知の探検隊」と並行して情報科の「コンピュータ基礎」の授業を受けており、ワープロ、表計算、ネットの使い方を一通り学ぶ。そして、平成一五年度二〇〇三年の二学期からは、一学期に「知の探検隊」でまとめた「からだ調べ」の内容を再構成して、さらにインターネット資料も探して付け加え、プレゼンテーションソフトを使ったスライドにまとめている。つまり、図書館同様、内容自体よりも技術の体得を必要とする情報科とも連携して進めている。三学期には、一学期間かけて仕上げたレポートをさらに練り直して、情報科教員を中心にプレゼンテーションソフトのスライドに再構成させる。今まで調べた四〇〇〇字以上の内容を、たった七枚のスライドにぐっと凝縮、エッセンスだけに絞り込み、さらにそのポイント同士の論理的なつながりを、図式化してスライドに示させることで、知識・情報が消化されていく。大きなスクリーンに映し出されたスライドを示しながら、その人物になり切って、自分のやったことを説明する頃には、内容もすっかり身に付いている。とは、なかなかうまく行かないが、翌年春に中二となった生徒たちが、新入生に「知の探検隊」発表をする際は、どれもよく内容を自分のものにしている。単なる写し書きではない自分の作品となることで、生徒の達成感も強い。さらに「知の探検隊」に続く総合科目として、中二必修「保健総合」高校選択「情報の技術」をおいて、リサーチ技術の強化を図ってきた。

「知の探検隊」情報カード作り

スーパーグローバルハイスクール（SGH）二〇一五年四月—

平成二七年度文部科学省SGH指定校に、SIS も選ばれた。今後、SIS 高校生全員が課題研究・論文作成をするため、基礎知識習得に時間をかけて取り組み、すべての教科教員の授業でそのプロセスが共有されるものとすべく、現在、ＳＧＨ委員会が立ち上がり、カリキュラム整備を進めている。

具体的には、高一で社会「比較文化（現代社会）」及びＳＧＨ総合「知の探究」の授業を終了後、高二から高三の一学期までに休暇中等にフィールドワーク研修に参加し、「個別課題研究：リサーチとフィールドワーク」の授業を履修することになる。初年度は、この授業は一五年続いた総合科目「情報の技術」をたたき台として二学期に新設され、夏に研修に参加した者を中心に二二名の高二、高三の履修者が論文作成を始めた。指導には、ＳＧＨ専任教諭一名と共に司書教諭一名（筆者）が当たる。リサーチ・プロセス自体は、今までのレポート・論文作成の授業とほぼ同じながら、フィールドワークでの取材を研究素材として生かす、単なるレポートではなく、論文となるための訓練を加えるなど、さらに学びを深くする指導が必要となっている。

このための図書館の環境整備としては、既に関西学院大学図書館の蔵書を簡単な手続きで借り出せるバックアップ体制ができていたのは、大いに助けになっている。またＣｉＮｉｉ（大学図書館の図書・日本の論文検索サイト）等の、実際は高校では使うまいと思っていたデータベースの利用や、資料請求も活発になってきて、大学図書館とのやり取りが本学司書の新たな主要業務となる勢いである。

おわりに

ＳＩＳは、開校以来の「知の探検隊」などの筆者が担当する科目以外にも各教員・教科による全学的なリサーチへの取組を経て、二〇一五年現在、文部科学省の推進するＳＧＨ指定校として新たな一歩を踏み出したところである。その中で、中一の「知の探検隊」の授業は、中高一貫、その後の大学での学習・研究活動の入口となっていると位置付けられる。一人の社会人・地球人として情報化社会の中で必要な情報を自分で獲得し、自由に考え表現し、社会に貢献できる人材になる基礎を養うプログラムであり続けたい。

3 「最後の砦」として行う情報リテラシーの育成 〜社会に生徒を送り出す〜

埼玉県立新座高等学校司書　宮﨑　健太郎

「最後の砦」としての高校で図書館に求められる課題

新座高校は、就職を進路先とする生徒が集まる、学校教育最後の砦である。

だが、生徒の中には中学校までに学習面でつまずいた生徒もいる。着任した一一年前、図書館というフィルターを通して映る新座高校の生徒の姿に、私は驚いた。

一つは生徒の「読む」ことに対する効力感の低さ。全く借りられない流行小説。『ポプラディア』の二〇行の解説すら読むことを拒む生徒の姿。もう一つは、情報リテラシーの低さだ。学習面につまづいて知識量が少なく、読みへの効力感が低ければ、メディアに流れる情報を追っただけで信じてしまうのは当然だろう。

そうした生徒たちの情報リテラシーを育むためには、情報リテラシーの手法を教えるだけでは意味を成さない。読むこと、調べることに対する自己効力感を取り戻し、育むことが、着任当時から今に至るまで、私にとっての課題となっている。

まずは普段使いの情報源を目指して

転勤してまず、図書館そのものが普段使いの情報源となるよう日常の運営に力を入れた。キャッチコピーは「あなたの〈?〉を〈!〉に」。彼らの「知りたい」に徹底的に寄り添えば、図書館は自然に多様な情報源に触れられる場となる。スポーツやバンドスコアなどの部活に関わる資料やサブカルチャー、ビジュアルに訴える資料の収集に力を入れることで、生徒たちの「読む」ことに対する抵抗感を和らげる。さらに、見比べたくなる資料があれば資料を比較することも覚え、情報リテラシーが育つだろう、という戦略である。

これにより来館数は増え、利用も増えた。だが、これでアプローチできる生徒の数には限りがある。調べ学習や課題解決学習を通して何かできないだろうか。と思ったその頃に、思わぬ形でブレイクスルーが訪れた。

「ポスターセッション」の普及が開いた授業利用

赴任四年目、校長の肝いりで「授業改善プロジェクトチーム」が発足した。すべての生徒が満足して参加できる授業づくりを目指す。そんな大きなテーマを持つチームの一員となった私は、当時の司書教諭と調べ学習で実践した「ポスターセッション」を紹介、これが先生方の目に止まり、授業の一手法として広く定着したのである。

本校で定着している「ポスターセッション」では、生徒が関心に応じてテーマを一つに絞り込み、Ｂ４判ほどの大きさの画用紙や模造紙にポスターとしてまとめている。多くの授業ではこのポスターをテレビ番組のフリップのように使い、一対一で、小グループで、ときにはクラスの前で発表する活動が伴うのが特徴となっている。

例えば、異文化理解という英語の選択授業では、世界の食文化をテーマにグループごとに国を選ぶ。グループの四人はそれぞれ別の小テーマでポスターを準備し、四人がそれぞれ英語で発表する。テーマの決定や調査、作業では互いに助けあいながら行い、どこかの過程が苦手な生徒も互いに助けあう。調査の過程では面倒そうにしている生徒たちも、発表のためのポスター作りには力が入る。発表の頃までにはやる気スイッチがオンになっている。クラスの前での発表の時間はどのグループも自信に満ち、授業はよい雰囲気となることが多い。

調べ学習に「ポスターセッション」を取り入れることで、学習にコミュニケーションを取り入れやすくなる。

形に残る作品ができることで、生徒の効力感は上がる。また、前年の作品を次年度の授業の導入に示すことで、生徒たちのモチベーションを「面倒そう」から「俺たちもできる」に引き上げることもできるようになってきた。

幸い、新座高校には三〇年近い歴史を持つ地区の高校間資料ネットワークがあるため、一つの授業に潤沢な資料を準備でき、資料提供の面で困ることはほとんどない。一つの授業モデルを先生方が共有したことで、今では図書館を使った授業が一手法として定着し、授業での活用は大幅に増えた。

生徒のモチベーションを保つため

授業の活用事例が増えるにつれ、先生方の図書館利用のリテラシーが高まり、司書である私への期待や要求水準も高くなっている。授業の企画段階から関われる機会も増えた。授業の目的を共有し、先生方は教える視点で、私は資料を活用する視点で、資料を前にシミュレーションができるようになった。これによって、課題の内容や資料の提供法、司書の関わり方を調整することも可能になってきた。

打ち合わせで常に気をつけているのは、生徒のモチベーションを保つことである。学習に対する効力感の低い生徒にとって、調べ学習はやはり敷居が高い。個々の読む力などを見誤って一時間を棒に振らせた失敗は数知れない。生徒が課題を把握し、扱える範囲に保つことが授業成功の重要なファクターなのである。

例えば数年前には、「出生前診断」のような出産・子育てに関わる現代的な問題について生徒に話しあわせたい、と家庭科の先生から相談があった。先生はテーマについて調査もさせたいと考えている。だが、授業の主眼は意見交換。テーマ自体も生徒の手に余るものだ。司書としては調査もさせたいが、私は新聞や雑誌の記事、書籍など資料を先に生徒に提示し、意見交換に集中させてはどうか、と先生に提案、その流れで授業を行うこととなった。授業では、対立した意見の新聞投書をきっかけに生徒の興味に火がつき、集中した話し合いが行えた。

レポートやポスター作成の場合、多くの生徒はテーマが決まるまでの時間を苦手としている。作業の要素が少なく、思考が中心となるからだ。このため、テーマ設定の時間は、担当の先生と打ち合わせのもと、個々の関心を気付かせるために一緒に百科事典で定義を調べて視野を広げたり、レファレンスインタビューをしながら、彼らがテーマとして手に負える範囲まで興味の幅を狭める支援をすることもある。その際には、5W2Hを意識させるなど、なるべく汎用的な手法で筋道を示すように努めている。こうした筋道を少しでも覚えていてくれれば、今後、一人で考えるためのヒントとなり、社会に出てからも調査に対しての効力感が増すと考えるからだ。

「最後の砦」だからこそ、社会での筋道を示す場でもありたい

筋道を示すのは、授業の中だけの話ではない。この高校が社会に出る前の「最後の砦」であるからこそ、社会に出た後に役立つ筋道も示せないか、と、着任当時からと考え続けている。情報リテラシーを高めることは非常に重要だが、それが勉強のためにするトレーニングによるものだとしたら、社会に出てからはさほど役立たない。それよりも、彼らが社会の一員として暮らす中で必要になる情報にこそ、リテラシーが必要なのではないか。

数年前、ベビーシッターが関わる残念な事件が起こった際、家庭科の先生と子育て支援について生徒に考えさせたいね、と雑談で盛り上がった。すぐに各市の子育て担当部署に、子育て支援のハンドブックを送るよう依頼。この資料を使って、家庭科の授業の中では、子育てに関わる行政サービスを調べる授業につなげることができた。子育て支援のパンフレットのような、社会人として生きるのに必要な、ナマの資料に高校時代から触れ、全体像や背景も含めて理解していれば、彼らは少し自信を持って、よりよい選択ができると私は確信している。

自己効力感を高め、よりよい選択ができる社会人として子どもたちを送り出すため、学校図書館ができることはまだまだたくさんある。より多くの先生方とタッグを組みながら、今後も模索を続けていきたい。

コラム

小学生の思考力を鍛える

元関西大学初等学部中等学部司書教諭　塩谷 京子

情報リテラシーは、二一世紀という情報化社会における基礎・基本の一つである。だから、すべての子どもに習得させたい。しかしながらしいて難しさをあげるならば、自転車がなければ自転車に乗れるようにはならないように、学校図書館の学習環境（ＩＣＴ環境を含む）が整っていなければ、情報リテラシーの習得は難しい。つまり、学習環境の整備と情報リテラシーの育成は、切り離して考えることはできないというわけだ。そこで、どんな情報リテラシーを育成するためにどんな学習環境を整えたのかを紹介する。

（1）情報の収集の過程　情報を手元に置くための情報カードの書き方

情報カードは、集めた情報を自分の手元に置くために使われる。関西大学初等部では、情報カードの書き方は低学年から丁寧に教えたい。低学年が使っている情報カードは、とても小さく、問いと答え、調べた方法のみで十分である。調べる活動を通して、問いの文章を作成する技能を習得することを目的にしているからだ。留意しているのは手順である。まず最初に書くのは答えである。本を読んで初めて知ったことを書く。その後、答えに対応する問いを書く。この体験を重ねることで、文章を読みながら問いが浮かんでくるようになれば、この情報カードは卒業となる。情報カードは、図書館の入り口の目につきやすい場所に置いてある。手に取りやすいように、ケースを斜めにしてあるのも工夫の一つである。

（2）整理・分析の過程　考えを作るためのシンキングツールの使い方

子どもに考えさせたいときに、「考えてごらん」と言うのは簡単である。しかし、この発問では子どもはどうやって考えたらいいのかがわからない。そこで、比べて考える、仲間分けして考える、つなげて考えるなど、どうやって考えるのかを学ぶことも必要である。考えているときの頭の中は目に見えないことから、可視化すると操作や共有がしやすくなる。そのために使う道具がシンキングツールである。図書館には、シンキングツールの使い方を示した掲示物、いつでも使えるように印刷したシンキングツールなどを整えてある。

（3）まとめ・表現の過程　相手に伝わる筋道を組み立てるためのシンキングツールの使い方

情報を集めて自分の考えを作るまではすべてが、自分という軸で動いている。しかし、ここからは、自分が伝える相手に合わせて、筋道が通るように組み立てることから始まる。それが「まとめ」である。相手に伝えるためには、主張を一つに絞る必要がある。そして、主張を納得してもらうための根拠を集めた情報の中から選ばなくてはならない。さらに、どういう順で根拠を並べたら筋道が通るのかを試行錯誤して、ようやく組み立てができあがる。このときに、便利なのが「ピラミッドチャート」や「なぜなにシート」。もちろん、これらもシンキングツールの仲間であるから図書館に常備してある。

このような事例のように子どもの学習活動に沿った学習環境を用意するという視点が、これからの学校図書館を構築する上で、大切ではないかと考えている。もし、学習環境の一つである新聞を子どもが手に取らないとしたら、それは、学習環境にはなっていないということである。こういうときこそ、学校図書館専門職の力を発揮するチャンスと捉え、工夫をしてみてはどうだろうか。

学校図書館に置いたシンキングツール

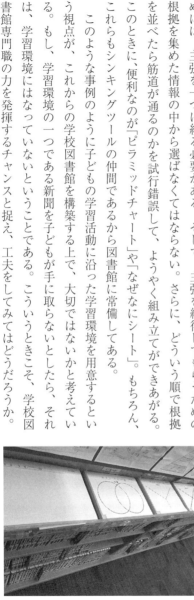

コラム

探究学習タラントンとコレクションの充実

清教学園中学校高等学校探究科教諭、図書館リブラリア館長　片岡 則夫

「探究学習」をはじめたのは私が神奈川県の高校の教員になった翌年、一九八八年のことだった。当時は、総合学習はもちろん、探究学習や「調べ学習」といった言葉も一般的ではなかった。そこで、自由にテーマを決めて学ぶ授業を「大航海」と名付け、だれも授業では使わない学校図書館ではじめることにした。というのも、自分でテーマを決めて学んだ、大学時代の卒業研究の楽しさが忘れ難かったからである。

「大航海」の授業はその後一〇年以上続いた。もちろん、探究学習の必要条件は学校図書館の充実だった。はじめは蔵書をあるだけ動員しても生徒の興味・関心を満足させることはできなかった。自分の資料を本棚ひとつ持ち込んだり、それらの資料に件名をつけて検索を可能にしたりと工夫をしたものだ。

ところが、授業を繰り返す中で、生徒に役立つ資料があることに気付いた。先輩の作品である。それ以来提出された作品を寄贈してもらうようになり、件名ごとにパッケージに作品を整理して閲覧できるようにした。

この授業は後に『情報大航海術』（リブリオ出版、一九九七）や『クックとタマ次郎の情報大航海』（リブリオ出版、二〇〇一）などにまとまった。

二〇〇七年、縁あって大阪府の私立清教学園の探究科の教諭に私はなった。探究科は清教学園高等学校のオリジナルの教科である。学校の意向のもと、高校二・三年（各二単位）で卒業論文「タラントン」を書く授業をつ

くることにした。
探究科は、その学習を通じて、学び方を学び、自らの賜物（天賦の才能や個性）を見いだし生かすことを目標にしている。「タラントン」は聖書の言葉であり、タレントの語源にもなった、「賜物」を意味する言葉である。探究科の授業は、翌二〇〇八年にはじまった。高校生がテーマを設定し、それに論拠を示して結論に結びつける、そんな論文を書かせたかった。関西学院高等学校の宅間紘一先生の援助のもと、山本志保教諭とともに手さぐりしながら授業を進めた。以来、生徒たちは四万字の論文を毎年作成している。

探究科とともに受け持ったのが、中学の総合学習である。中学一〜三年（各週一時間）で、探究学習とともに読書支援を柱とした授業を展開している。下図に示すように、ミニレポートから卒業研究までの探究的な学習に加えて、「おためし読書」（生徒と本が出会う授業）「作者に手紙を書く」といった様々な試みを、図書館の蔵書を背景としつつ実施している。

ちなみに学校図書館リブラリアは蔵書約五万一千冊であり、生徒たちは授業の展開に応じて、総合学習室から図書館に移動して、本を借りレファレンスを受ける。こうした中高の一連のカリキュラムは「リブラリア・カリキュラム」と呼ばれている。

中学の卒業研究の授業とデータは『なんでも学べる学校図書館」をつくる』（少年写真新聞社、二〇一三）にまとまっている。

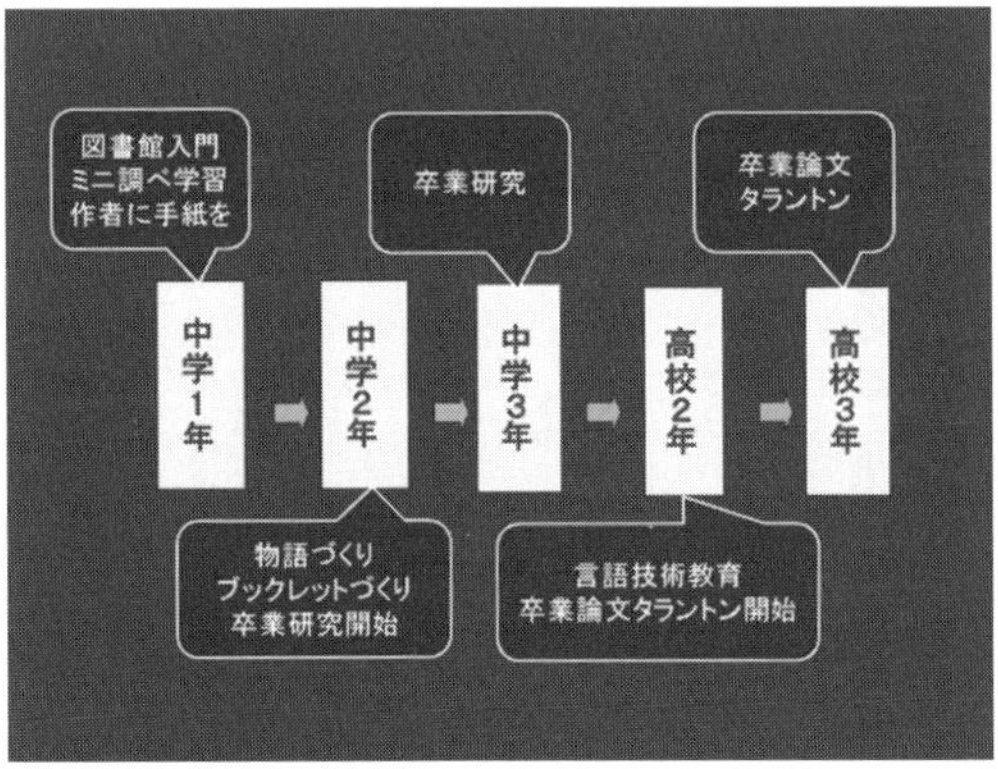

リブラリア・カリキュラム

さて、リブラリア・カリキュラムでも生徒の作品がストックされてゆく。探究科の論文等（約三〇〇部）と中学の各種演習の優秀作品（約七〇〇部）が蔵書として登録されている。装備をした正式な蔵書だ。

こうした蔵書が本棚に隠れているので、生徒は関心のある本棚の前に立つと自然に先輩の作品と出会うことができる。「蔵書は自給自足」などと冗談めかして言っているが、先輩の作品は後輩に贈られる重要な学習資源である。また、自らの成果を図書館という「文化の森」に付け加えることは、すなわち息の長いプレゼンテーションと言える。

電子化を待つ生徒作品

二〇一五年、財団法人図書館振興財団からの助成を受け、生徒の作品の電子化がはじまっている。電子図書館「リブラリア　e－ライブラリ」が今生まれようとしている。上の写真を見ていただきたい。入力のため勢ぞろいした生徒の作品・蔵書である。これらの画像データがいずれ、生徒のコンピュータに映し出され、学習を援助することだろう。そのときを今から楽しみにしたい。

コラム

学び合う空間を創る玉川学園のＭＭＲＣ

玉川学園マルチメディアリソースセンター専任司書教諭　伊藤　史織

玉川学園のマルチメディアリソースセンター（以下ＭＭＲＣ）は二〇〇六年に開館した幼稚園児から高校生を対象とした学校図書館である。年間約三四〇〇時間の利用予約があり、授業が活発に行われている。ＭＭＲＣの学習空間は、以下の三つのコンセプトをふまえてデザインされた。①学習者主体のデザインであること、②ラーニングスキル育成の場であること、③学び合う空間であることの三点である。

①「学習者主体のデザイン」は、先生方の「学び」を捉えなおすことにもつながった。ＭＭＲＣでは学習者同士の相互作用や協働的な学びを促すデザインにしたいという思いがあった。従来のようにメディアの種類で分けられた空間ではなく、館内に無線ＬＡＮを完備し、多様なメディアを同時に使用できるようにした。生徒たちがメディアを駆使して情報を調べつつ、グループで議論しながら発表資料をまとめていく様子もよく見られる。防音の教室があるため、それらの活動が静かに学習する者の活動を妨げることもない。

②「ラーニングスキルの育成」は、ＭＭＲＣの最も重要な使命と位置付けている。開館当初から各種メディアの調べ方、論文のまとめ方などを盛り込んだユーザーズガイドを作成し、児童生徒と教職員に配布してきた。ＭＭＲＣは全学年のシラバスを見渡し、体系的で網羅的なラーニングスキルの育成を支援している。

③「学び合う空間」とは、教師も子どもも学びを体感できる場を作ることであった。館内のクラスエリアはガラスを隔てて両方からお互いの活動を見ることができる。後輩が先輩の学習活動を真似ることも、その逆も

ある。教師も同様に、ＭＭＲＣをどう活用すべきか、他の教師はどんな使い方をしているのか、お互いの授業実践を参考にしあう場となった。教師や生徒がそのとき何に困っているのかがわかることは、支援する側にも大きな利点である。エリアの予約時には教師に授業内容や要望を聞き、最適なエリアや資料を案内し、機材の支援、ガイダンスの実施など、ＭＭＲＣでスムーズな授業が行われるような提案を行っている。

このように考え抜かれたコンセプトで作られたＭＭＲＣだが、最初は利用が少なかった。活発に利用されるようになったきっかけは、二〇〇八年に中学三年生対象の必修授業「学びの技」が開講した影響が大きかった。ラーニングスキル育成を目的とした「学びの技」は、生徒各自が課題設定を行い、情報を取捨選択し、論理的にまとめてプレゼンテーションや論文執筆までを行う探究学習である。教員二名で指導にあたり、今ではＭＭＲＣの使い方を教員が習得するための研修的な場にもなっている。平成二十六年度からは全学年に「学びの技」を広げる取組が始まり、各学齢に応じた内容で年間五時間程度の授業が行われている。ラーニングスキル育成の重要性が学校全体で認識されはじめている。

しかし「学びの技」も初年度は困難が多かった。「学びの技」のコアメンバーの教員らと会議を重ね、改善を重ねてきた。現状を冷静に評価し、より良い授業を作るために本音で話し合うことができるチームの存在が「学びの技」を充実させてきた。その過程で、私の司書教諭としての固定観念を壊してもらい、成長させてもらったように思う。ＭＭＲＣの外にも仲間がいることは、本当に幸せなことである。

ＭＭＲＣは施設や設備などハード面が注目されがちである。しかし本当に注目すべきは、ここに息づくコンセプト、それを具現化した授業、学びあう姿、支援するスタッフの姿である。確かなコンセプトは組織の使命を定め、導いてくれる。ＭＭＲＣは今年、開館一〇年目を迎えた。次の一〇年もさらなる挑戦を続けていきたい。

第3章　図書館は学校のハート～学校全体を巻き込む～

1 全校で取り組む読書活動と調べ学習～学校経営に位置付ける～

元東京都狛江市立緑野小学校司書教諭　田揚　江里

学校図書館を子どもたちの動線の中心へ

二〇〇五年、二校の統合によって開校された狛江市立緑野小学校は、準備段階から「学校図書館がメインの学校」と聞かされていた。赴任前の学校でも司書教諭であった私は、校長に呼ばれ「どんな図書館にしたいのかイメージを提案しましょう、私が会議で話しますから」と言われた。

狛江市はその七年前、一九九八年から市の予算で学校司書を配置していた。早速、学校司書たちとも今までの実践を踏まえてどんな学校図書館がよいかを考えた。結果として四階の隅という当初の計画から一階の玄関ホール近く、子どもたちの動線の中に移動することができたのは、司書教諭資格をもち、学校図書館の役割を理解されていた校長の見識があったからこそである。また、狛江市が「資源共有ネットワークシステム推進事業」（文部科学省）を受けた時期と開校が重なったこと、開校二年目に「新教育システム開発プログラム研究」（文部科学省）の推進校となったことも、蔵書の整備と充実の上で大きなバックアップとなった。

こうして誕生した学校図書館に息を吹き込んだのは、学校司書のがんばりとそれを支える学校体制であった。「資源共有ネットワークシステム推進事業」を機に、狛江市教育委員会は各校に学校図書館活用委員会を設置するよう指示し、緑野小学校でも初年度から学校図書館運営委員会がつくられていた。

教師たちを学校図書館という同じステージへ

緑野小学校では、学校経営の柱の一つに「学校図書館の活用」を位置付け、教師全員で取り組めるようにしてきた。私たち—学校図書館の運営を担当する学校司書と司書教諭が、心がけたのは次の三つである。

① 学校図書館の目指す方向性を明らかにする

② 全ての教師が学校図書館という同じステージに立つような手だてを打つ

③ 保護者や地域、行政に「図書館の時間」の授業を公開し、従来の「図書の時間」ではない、読書指導、活用指導教育への理解を深めてもらう

学校司書の配置に伴い、「図書館の時間」（学校図書館で授業を行う時間）は子どもに丸投げにはならないし、同時に学校司書にお任せの時間でもないと教師たちに発信し続けた。例えば、学校図書館運営委員会（各学年代表、専科、特別支援学級代表）で検討・提案することで次のようなことに取り組んできた。

① 読み聞かせをする場合は担任と司書で一冊ずつ行う

② 読書週間には「読み聞かせバザール」と名付けた全校教師による読み聞かせを実施する

③ 担任は読書週間のテーマに即した本や作家について語る

④「ファーブル昆虫記出版百年」、「生物多様性フェア」など時々のフェアには司書以外の教師が登場して語る

⑤　三学期は全ての教師が六年生に向け一冊の本を紹介する「卒業するきみたちへ」の冊子作成

また毎週の「図書館の時間」の学習内容は前月に学年代表と学校司書が相談して決めることで、図書館で学習や読書活動をすることが当たり前として受け止められるようになっていった。

学校司書は、機会あるごとに「先生、この本、子どもたちが絶対に喜びますよ」「○○の新刊が出ましたが読みましたか」と声をかけ、絵本や児童文学の世界に若い教師たちを誘っていった。一年生の担任が年間二百冊以上の読み聞かせをしたり、次年度担任学年の緑野文庫（課題図書）を春休みから読み始めたりする教師の姿も見られるようになった。緑野小でも中学年の子どもたちは『1年1組1ばんワル』『3年1組ものがたり』『キャプテンはつらいぜ』などのシリーズや『ひかる！』が大好きである。二〇〇九年二月にそれらの作者である後藤竜二氏の来校が実現した。担任が事前に後藤作品を読む取組をし、お話を聞くだけの会ではなく、作品を間にした子どもたちと後藤さんの充実した交流の時間となった。後日、後藤氏が急逝されたときは、職員室に居合わせた教師たちから「えーっ、どうして……」と驚きと悼む声があがった。教科書の中の児童文学を教材としてのみ扱う教師が多い中で、この反応には私たちの方が励まされた。教師が読書活動を通して学校図書館を空気のように身近に感じ始めたことを確認した瞬間だった。司書教諭資格取得を目指す若い教師たちや学年目標の柱に読書を据える高学年の担任も生まれた。

「課題解決型の学習は教師にとっては指導法の転換を意味する」

一方で教科学習に学校図書館を活用させるための働きかけも進められた。「新教育システム開発プログラム研

究」は全ての教師が学校図書館を活用した授業を行うことが前提であった。当時の校長は「学校図書館を活用する課題解決型の学習は、教師にとっては指導法の転換を意味する」とよく話された。私たちは「学校図書館は子どもたちが学び方を学ぶところ」と捉えてきたが、それを達成するためには教師の意識が変わらなければならないことを教えられた。学び方を教えるのは学校司書や司書教諭が「図書館の時間」に、といつの間にか狭い枠で考えてしまっていたからだ。この「指導法の転換」は単に指導方法を変えることではなく、「学力」をどう捉えるかにも深く関わる提起だと考える。

共通理解を深め、教師の教育活動を支える学校図書館へ

調べ学習といえばパソコン室と思っている教師は多い。そういう教師も緑野小学校に異動してくる。あるとき、授業の導入に風呂敷を使って「昔のくらし」の学習を行うことを考えた教師に、依頼は受けなかったが、「風呂敷」についての資料を探して届けたところ、「子どもの本って使えるのですね」と言われた。提供した資料を参考に授業を行ったところ子どもたちが生き生きと学習したので、初めて「学校図書館が使える」と認識された。その後は、「こういう学習をするので資料を用意してほしい」とたびたび活用してもらえた。放課後、会議が終わると次の授業の計画を考えるヒントや使える資料を求めて相談に来る教師が毎日、何人もいる。学校図書館が教師の教育活動を支える存在であることが理解されるようになってきた。

資料を提供し調べ学習が行われるようになると、その質や、活用能力の指導について全体で共通理解ができているのかなど次の課題が見え始めた。現校長から次のような提案があった。

「経験の浅い教師にも、子どもたちがどのような力を身に付けてきたのか、この学習が何につながっていくのかわかるように」「緑野小学校としての指導の体系を明らかにしてはどうか」と。

そこで、今まで指導してきた調べ学習のスキルを整理していくと、指導内容が図鑑、辞典、百科事典など基本のツールの活用、つまり技能のスキルに偏り、思考のスキルの指導が弱かったこと、実際の調べ学習については共通理解が弱く、教師個々人に任されてしまうことがはっきりしてきた。それらを運営委員会で説明し、今までの実践を元に六年間を見通した指導計画を作成することになった。司書教諭と学校司書だけではなく教師主体を重視し、運営委員が担当することにした。

二〇一四年から夏休みの自由研究を探究型学習として位置付け、そのための演習や思考ツールを使い始めていた。担当したのは「このような道筋で学習をさせることが必要」「このシートを教科の授業で活用したら、意見がもてなかった子どもたちが書くことができた」と実感した教師たちであった。二〇一五年の教育計画には「学校図書館の資料を活用した探究型学習の全学年年間計画」として盛り込まれたが、この計画を内実あるものにしていくためには実践を牽引していく専門性を持つ「人」の存在が不可欠である。学校司書の存在価値をアピールし押し上げていくことも司書教諭の大切な仕事の一つと考える。司書教諭が兼任の状況で、学校司書が司書教諭の仕事を負わざるを得ない場面が多々生じている。そのためにも学校図書館全体計画など自校の学校図書館の目指す方向を明らかにすることは、司書教諭と学校司書が協働で学校図書館活用を推進していく上でも重要なポイントとなる。

参考文献

関西大学初等部『思考ツール　関大初等部式思考力育成法〈実践編〉』さくら社、二〇一三年

東京学芸大学「先生のための授業に役立つ学校図書館活用データベース」の「授業と学校図書館」二〇一四年一二月一六日記事と「資料アカルト」に本校の学校図書館教育計画がアップされている。（参照 2015-10-5）

2 全教員が参加できる学び方の指導の計画と仕組みづくり

元北海道札幌市立発寒中学校司書教諭　佐藤　敬子

札幌市立陵北中学校での八年間

赴任したのは、学校図書館法改正でようやく一二学級以上に司書教諭が置かれることになり、総合も始まるという一九九七年だった。発令後はすぐに司書教諭発令を想定したとして動きたいと考え、研修会で説明し、司書教諭だったらという想定で公開授業もした。放送を使った全教員とのＴＴによる総合や学活も実施。図書委員会やＮＩＥボランティア（生徒組織）の指導も含め、とにかく無我夢中の八年間だった。最後の二年間は正式に司書教諭に発令され、資料の選定や廃棄について話し合う「図書館利用連絡会」（主に教科代表で構成）をつくり、みんなで「資料・情報を活用する学び方の指導」（現在は「情報・メディアを活用する学び方の指導」。利用指導のこと。以下「学び方の指導」と略す）や図書館資料活用学習に計画的に取り組むのが当たり前になっていた。ところが……。

札幌市立発寒中学校へ転勤。計画作りにいきなり失敗！

前任校で既に作っていた図書館活用に関する全体計画。始まりはいつも教員全員へのアンケートからだった。「教科や総合、道徳、学級活動等でこの一年間に図書館や図書館資料を使って指導する時期、学年、内容を書いてください」という旨のアンケートを実施し、そこから学び方の指導と資料活用学習の全体計画表を作るのが前任校でのやり方だった。これなら司書教諭の独りよがりな計画でもないし、みんなの声をまとめることで全体計画ができるのだ。この学校でもまず！　と意気込んで四月二日にアンケートを出した。みんながわかるようにと精一杯考えて説明もつけたのだが、戻ってきたのはたったの二枚。愕然とした。そうか、みんな知らないのだ……。転勤一年目は計画作りを断念せざるを得なかった。

研修会で説明。総合の時間での「学び方の指導」の指導案作り。教科での利用の働きかけと実践

そこで、まず自分が図書館を使った「学び方の指導」の授業を公開した。内容は「ＭＹ ＦＡＶＯＲＩＴＥＳ」と名付けたＮＤＣ（日本十進分類法）の体験的学習で学び方の指導の初歩である。教職員向け発行の広報で「司書教諭の授業を見に来ませんか？」と呼びかけたので、けっこう見に来てくれた。またある日、研修部の先生と情報をテーマとした総合の時間のあり方について話しているうち、研修会で話す機会を得た。学校図書館や司書教諭の役割、「情報」分野の総合の時間でできる学び方の指導について等々。すると自分も図書館を使ってみたいという声が上がり、二学年総合「情報」の時間で実施する学び方の指導の指導案を作ることになった。それを数時間分作成。情報カードの作成法、チャレンジレファレンス、新聞の読み比べ、簡易レポート作成法……。実際に指導するのは「情報」の時間担当の先生方だが、私がまずレクチュアしてから実践してもらい、自分も空き時間で入れるときは極力ＴＴで入って指導した。この時間はなかなか人気で、生徒の言い間違いから「情熱の時間」などというあだ名（？）もついた。

また、自分も、担当する国語科や学年の総合で図書館を使って学び方の指導や資料活用授業をするとともに、まず同じ国語科の仲間にその楽しさや意義を広め、一緒に実践した。そしてできるだけ他教科にも実際の図書資料等を見せて実施可能な授業を説明し、実践してもらった。こうして、計画はできなかったものの、ある程度の

実践はできたのだった。

二年目の四月にはめでたく計画出来！　研修会も毎年。学び方の指導も年々拡大

そして二年目の四月。去年の実践を記録した表をもとにアンケートを配るとちゃんと返ってきてそれをもとに計画表ができた。最初は図書館学活（放送を使って全学級担任とのＴＴの形で行う）。柱は国語科と「総合〈情報〉」だが、その他の総合や保健体育科、技術・家庭科や英語科等の調べ学習が中心である。研修会でも毎年説明した。一・二年の「総合〈情報〉」は総合の時数増に従って増えた。教科担任制と同じように担当者が割り振られていたため、担当する教員は年度ごとに変わる。事前にレクチュアするのだが一度ではつかみきれない先生もいて、私が国語の授業をしている最中に聞きに来る人もいた。そういう中で多くの教員がこの時間の大切さを知っていった。この学び方の指導の内容は何より教えている当の教員たちに浸透し、ある先生は忘年会のしおりに使った本の出典を書き忘れたのを突然思い出し、忘年会のさなかに「あっ、参考資料書いてない！」と叫んでみんなで大笑いしたこともある。生徒にも教員にも意識は根付いたのだった。

情報教育委員会を開いて計画・まとめを

以前から校内の特別委員会の中に「情報活用および情報教育委員会」があった。しかし数年いても開かれる気配がない。たぶんコンピュータが導入されたときの名残なのだろう。担当はコンピュータ関係の係の先生で同じ文化部。そこで担当の肩代わりを申し出ると、ぜひ！　ということになり、年度末反省にも出して次年度から担当することになった。校内の情報教育の中心は「情報教育マイスター」であるべき司書教諭なのである。それまでも「図書館活用打ち合わせ会」という名で教科代表に集まってもらって開いていたものが特別委員会となり、

教頭や学年の学活・道徳・総合の担当者も入った。年に二回は必ず開き、その他は必要に応じて開催。主に図書館資料の選定と廃棄、学び方の指導・資料活用学習の計画とその実践結果について話し合い、それを職員会議に出すのである。学び方の指導や資料活用学習の重なりなどもそこで見て、計画をより体系的・有機的なものにもできた。中学校はとかく教科の壁があると言われるが、こういうところで「横のつながり」ができることは学校全体の教育にとって大変よいことなのである。生徒への情報教育の定着度に関するアンケートをして、この委員会を通して考察し、職員会議に出すこともできた。それを次年度に生かすのである。

去ったあとに

八年間いた発寒中学校を二年前に去った。が、幸運にも次の司書教諭がきちんと引き継いでくれたため、今もおおかたの計画や実践は続いている。公立中学校の場合、せっかくできた体制が司書教諭の転勤で断絶するのを今まで何度も経験してきた。ある程度組織的に仕組みを残したとしても盤石ではない。課題は、今まで積み上げたものをどう引き継いでいくかである。総合の時数減とともに情報教育の内容はかなりの部分が教科に入ってきた。探求型学習において学び方の指導は必須であり、学校全体の計画が重要である。「画餅」ではなくきちんと機能する計画を継続して立案し全体で実践していくためには、「次の司書教諭」を校内で育成しみんなで支えていくとともに、どの中学校でも同じようにそういう教育ができるように、自治体規模で教育行政側が理解して対処することがこれからの課題である。

参考文献

東京学芸大学「先生のための授業に役立つ学校図書館活用データベース」の「授業と学校図書館」の二〇一二年一二月二日記事（参照 2015-10-5）

2008（平成 20）年度　発寒中学校図書館の利用と資料・情報・読書に関する指導計画

（文化部図書係（司書教諭）

	国語	社会	数学	理科	保健体育科	技術・家庭科	英語	総合［情報］	総合［その他］	その他	音	美
4月	1年 MYFAVORITES （11,12,14,34,36） 全学年 辞典類の活用と指導 （20・通年） 2・3年 短歌俳句作者調べ学習 2選新聞活用（21）		1・2年 ノート作成法（27）	2年 動物調べ（20）		1年技 コンピュータ基礎（5,24,31） 3年技 コンピュータ基礎（24,31）			全学年 地域（寄） 1年　札幌 2年　小樽 3年　青森 （32,33,35,38,39,41,42,47）	1・2年 朝読書（寄） 通年 全学年 図書館オリエンテーション （7,11,12,14）		
5月	1年 漢和辞典の引き方（20） 2選作家についてのミニレポート（28,32~33,35,38~41） 1年 カードへの要約法									全学年 子どもの読書週間での利用 （7,11,12,14）		
6月	2・3年 文章の要約法（27,28）				1年 人の成長と期間 思春期調べ学習 （32,33,35,38~41）	1年家（寄） 食品成分表 献立作成				全学年 学校祭での利用		
7月	全学年 読書指導（寄） 全学年 感想文の書き方						2年 読書指導			全学年 夏休み長期貸出		
夏休	読書感想文	1・2年 歴史地理課題 （32,33,35,38~41） （寄）			2年 環境についての ミニレポート （32,33,35,38~41）（寄）		（20）		全学年 共生（寄）			
8月	※全学年単元に沿った読書指導							1・2年 情報学び ┆ 3年 情報学び	1年　福祉 2年　職業 3年　生き方			
9月	は随時行う					2年技 木材等のものづく材料の種類と用途について調べ学習 （5,24,31）	1年 読書指導 （20）	方指導 （図書館中心の学び方の指導） ┆ 方指導 （コンピュータ）（43）	（32,33,35,38,39~42,47,53,54）			
10月	1年 カードへの要約法					3年技 コンピュータ習熟（43,50）		（11,20~22,25,28,29,32,33,35,38~41 45~48,53,54）				
11月	2・3年 文章の要約法（27,28） 1年 読書感想スピーチ									全学年 校内読書週間 図書館学活		
12月	1・2年 読書指導					2年技 コンピュータ習熟 （5,24,31,36）				全学年 冬休み長期貸出		
冬休		1・2年 歴史地理課題 （32,33,35,38~41） （寄）			全学年 ウィンタースポーツについて新聞で調べよう（32,33,35,38,40）	2年技（寄） 接着剤について調べよう （32~35,38,39,41）						
1月	2選文学者・古典についての ミニレポート （28,32~33,35,38~41）				3年 ドラッグについて調べよう （32,33,35,38~41）（寄）					1年 進路学活で 図書館活用		
2月	1年「図書館探検！」 （レポートの作成法） （20~25,28,32~33,35,38~41, 44,51~54）				1年 スローフードについて調べよう （21,32,33,35,38~41）	2年家（寄） 『オオカミに育てられた子』 読書指導						
3月						3年技 情報社会と自己責任（36）						

（寄）は寄託図書の活用を示す。　（　）内の番号は「情報・メディアを活用する学び方の指導項目」の番号を示している。

3 教員と協働して行う二一世紀型スキルの育成

鳥取県立鳥取西高等学校司書　高橋　和加

本校における学びの変化と学校図書館

本校は今年で創立一四二周年を迎える歴史と伝統ある公立高校であるが、社会の変革に伴い、新しい学びのスタイルにチャレンジしている。例えば、二一世紀型スキルの習得を目指した各教科での「協同・協調学習」、全学年が「総合的な学習の時間」で取り組む探究的な学習「思索と表現」などである。これらの授業の中で学校図書館が活用される場面が多くなり、活用方法も多様化してきた。特に、生徒自身が何らかの「問い」を解くために情報を収集し、読み、思考を整理しながら表現するなど、「探究的な学習の場」としての利用が増えている。

(1) まずは図書館の活用方法をPR

しかし、このような学校図書館の活用は一朝一夕に増加したわけではない。平成二五年四月に赴任した司書教諭と司書が最初に行ったことは、環境整備と図書館活用のPRである。司書教諭は、着任式で全校生徒に「学校図書館へ行こう」と呼びかけ、館内の環境整備に着手した。また職員会議で「図書館の活用方法」を紹介した。教員からの反応は大きく、図書館活用の授業について相談されることが多くなった。司書教諭による呼びかけは司書や教員を勇気づける第一歩となり、教員と協同で作る授業のきっかけとなった。実際に行った授業の内容は、広報誌やホームページで情報公開したり、授業で作成した作品を廊下で展示したりして様子がわかるようにした。その後、情報科、国語科、英語科、地歴公民科と、図書館を活用する教科が増えていった。

(2) 見えてきた「図書館へのニーズ」

授業についての相談の中で、教員からは次のような発言があった。

○「作品の全体的な内容、作者や時代背景などに関心を持ってほしい」(国語科)
○「生物の生態を調べる過程で情報収集の手法を知り、自分で応用してほしい」(理科)
○「Global Issue を調べて発表する中で、論理的な思考を身に付けてほしい」(英語科)

教員が望むこれらの学習成果を整理すると、図書館へのニーズが次のように見えてきた。

① 生徒が知的好奇心を高めること
② 生徒が主体的に幅広い知識を得られるようになること(情報収集力、メタ認知等)
③ 生徒が得た知識を活用するための〝力〟を付けること(情報活用力、思考力、表現力等)

②、③は言わば「学ぶ力」の育成であり、鳥取県が取り組んでいる「二一世紀型スキル」の育成と共通した要素である。三宅なほみ氏は著書※1の中で、学習の目標は可搬性(portability)、活用可能性(dependability)、持続可能性(sustainability)の三つの性質を持つべきであり、これらを実現するために二一世紀型スキル(思考力、表現力、メタ認知など)の育成が必要であると述べている。

学校と図書館からのアプローチ

(1) 総合学習「思索と表現」へのアプローチ

学校図書館は「教材開発センター」でもある。本校では探究型学習「思索と表現」(平成二七年度SGH指定校事業）が実施されており、図書館は生徒への直接的な支援だけでなく教員の教材開発も支援している。また、司書教諭と司書が「思索と表現」のプロジェクト・メンバーの一員として、具体的な実施計画やワークシートの作成にも携わっている。三年前「思索と表現」がスタートした当初は「探究的な学習のやり方がわからない」という教員の声が多かった。そこで、国士舘大学教授の桑田てるみ氏を招いた教員研修を実施し、探究的な学習についての資料※2・3を集めて情報提供を行うことから支援を始めた。また複数の教職員で島根県立松江南高等学校等の先進校を視察に行き、学校図書館を活用した探究の過程を学んで「思索と表現」の授業計画に活かした。その結果、現在では「思索と表現」の担当教員が図書館に訪れ、一緒に模索しながら授業の計画を立てている。

（2）教科学習へのアプローチ

教科と図書館が連携して行う探究的な学習にも力を入れている。

今年度新たに、①必要な情報を見つける力、②文章を読む力、③考える力、④表現する力の四点を柱とした「学校図書館活用シラバス」※4を作成し、教科を横断した「学ぶ力と知的好奇心の育成」を明確化することとした。「図書館の支援したい要素」と教科の教員のニーズをマッチングさせ、より計画的に図書館を活用することで、生徒へ充実した授業環境を提供したいと考えている。

（3）アプローチの結果

これらのアプローチにより、図書館を活用した授業の回数は前年度の約三倍に増加し、生徒・職員のレファレンス件数は前年度の約二倍に増加した。生徒は休憩時間にも訪れ、日常生活や興味のある分野についての質問を

「思索と表現」ポスターセッション

寄せるようになった。相談件数が増加するにつれ活用方法が多様化し、今まで見えなかったニーズが明らかになった。今後はニーズに対応できていない分野の資料を充実させることで、活用しやすい環境になることを目指す。

課題と対策

(1) 本校における課題と対策

本校の教員は進路実現に対応するため、忙しく、図書館を活用した授業について協議する時間が限られている。協議は要点を絞って行われなければならず、迅速さと充実(資料のわかりやすさ等)が同時に求められるという難しさがある。そこで、司書は協議の前には様々な文献や他校の事例を調査し、司書教諭と打ち合わせをし、内容を絞り込んでいる。また、授業担当者が授業内容をイメージしやすいようにサンプル(ワークシート例や授業風景の写真)を用意し説明する等の工夫を重ねている。協議の際は授業者、司書教諭、司書の三者が役割分担して教材開発を進めている。司書は主に「探究の手法(実践事例)」「ワークシートの素材」などの情報提供を行っている。司書教諭は主に「生徒の学習段階と理解度は適切か(生徒にわかりやすい授業になっているか)」「設問をどのように行うか」「探究の重点をどこに置くのか」などをチェックし、教員への指導・助言を行っている。

(2) 外部の支援サービスを活用

鳥取県立図書館では「学校図書館支援センター」が設置されており、レファレンスや授業用資料の一括大量貸出などの学校図書館向けサービスが充実している。ウェブ上で予約すると申込二日後に資料が届く。また、県内の高校・公共・大学図書館や関連施設をつなぐ物流ネットワークが整備されており、外部機関の様々な資料を借りることができる。学校図書館が効率的かつ充実した授業準備を行い、生徒や職員の多様なニーズに対応するためには、公共図書館のサポートが欠かせない。公共図書館はまさに学校図書館の「インフラ」である。

おわりに

　三年間のアプローチを通じて、生徒・教職員の学びに関するニーズを具体的な形にする場が「学校図書館」ではないかと考えるようになった。そのためには利用者に丁寧にレファレンス・インタビューを行い「問い」を精選し、外部の図書館と連携しながら情報を集め、司書教諭と分析・整理し、他の教員と協議しながらオリジナルの授業を作ってゆくという基本的なプロセスこそが重要なのだと思う。改めて気付くのは、このプロセスはまさに「探究的な学習のプロセス」そのものであるということだ。生徒に実施する前に、まずは図書館職員と教職員がこのプロセスを経ているかどうか、手腕が試されていると感じる。

　生徒が探究的な学習のプロセスを通じて、自ら図書館や情報を活用する術を持ち、社会に出た後もその術を使って豊かな生活を送ることを願い、図書館からのアプローチを続けていきたいと考えている。今後は、図書館の活用が学校の教育活動から生徒主体の活動へとつながり、生徒主体の活動が学校の教育活動の充実へとつながる、この繰り返しが相互の成長のスパイラルとなっていくことを目指したい。

学校全体と個人の成長を支援する

注

※1　P．グリフィンほか『21世紀型スキル　学びと評価の新たなかたち』北大路書房、二〇一四年、二二四頁。
※2　桑田てるみ『学生のレポート・論文作成トレーニング』実業出版、二〇一三年。
※3　桑田てるみ『中学生・高校生のための探究学習スキルワーク』全国学校図書館協議会、二〇一三年。
※4　高橋和加「学校図書館がどのように探究的な学習に関わるか」『学校図書館』二〇一五年六月号（第七七六号）、四七頁。

コラム

チームで取り組む図書館活用教育

島根県安来市立十神小学校司書教諭　樋野　義之

私が司書教諭として勤務した松江市立揖屋小学校が、図書館活用教育を研究テーマに据えて取組を始めたのは平成一九年度のことである。当時文部科学省事業により人的加配を受け、司書教諭が週一五時間を図書館に費やすことができた。数クラスで算数の少人数指導をしながらも、ほぼ専任として図書館に常駐することができたのである。また、別の事業の助成により蔵書率も格段にアップし、環境が整った。だが、だからと言って全ての担任が一丸となって図書館を使う機運には直結しない。では、何が教師を動かしたのか。それは何より、子どもたちの姿である。

はじめは調べ学習一つとっても困難を極めた。自分の欲しい情報はおろか、その情報が載っているであろう本さえ見つけることができない。そんな中で時間ばかりを費やし、子どもたちはやる気をなくす。教師も徒労感だけを感じ、やがて図書館を離れていく。

そこで、研究主任も含めた図書館部で情報交換を行い、子どもたちの実態とつけたい力を明確にした。図書の時間には、一連の調べ学習のプロセスを考慮し、課題設定の仕方から参考図書の活用方法、調べ学習への個別対応、発信の手助けに至るまで、一人一人がスキルを身に付けることができるよう、担任と協力しながらサポートした。自らが生み出す主体的な学習にやがて子どもたちは自信を持って取り組むようになり、繰り返すごとに作業効率も上がる。簡単な内容なら一時間のうちに「調べて・まとめて・発表」も可能となった。教室の座学で「わかった」と感じていることが、図書館での言語活動等を通じて「できた！」と実感できるようになってきたのだ。このようなきらきらとした子どもの姿に、担任は「図書館を使わないと損！」と感じるようになっていった。

司書教諭としては、この取組がいつでも、どの学年でも続けられるようにする工夫が求められた。

まず、学年内のどのクラスでも同じねらいに沿って同じ取組がなされるよう、簡単な授業案をもとに各担任と打ち合わせを行う。学年間の学習の系統性や単元どうしのつながりなど具体的に示しながら、教科として抑えたいねらいも明らかにしていく。授業後にはわずかな時間ででも感想をシェアリングした。それらの話し合いには可能な限り学校司書にも加わってもらい、三者がそれぞれの立場から授業を分析することができた。当時ペアを組んだ門脇久美子司書は、常に教材分析、児童理解に努め、様々なデータをもとに我々教員をサポートしてくださった。ともに授業を作った仲間として、本当に大切な『チーム揖屋小』の同志だと、誰もが感じていた。

また、子どもの姿、先生方の姿を管理職の先生方にも発信した。「〇年生がこんな授業をします」と事前に伝え、授業を覗きに来ていただく。子どもたちの生き生きとした姿を目の当たりにすると、放課後には授業者に声をかけてくださるばかりか、ときには自身も授業に入って子どもたちに関わってくださるようになった。これには子どもたちばかりではなく教員もモチベーションが上がる。図書館で子どもたちを育てることで、職員同士のチームとしての連帯感も醸成されていく。こうした機運の高まりから、助成事業が終了した後も校内の自助努力で国語TTとして専任司書教諭を据え、より豊かな授業形態が継続されることになった。

私は現在揖屋小学校を離れ、松江市の隣の安来市で担任をもちながらではあるが司書教諭として取組を続けている。図書館は「わかった」を「できた！」に高める場所、その思いを胸に、これからも担任や学校司書とともに授業を作り、豊かに学ぶ子どもを育てることに携われたら、と願っている。

コラム

『学校案内』で図書館が大きく取り上げられるまで

東京純心女子中学校専任司書教諭　遊佐　幸枝

手もとに残っている二一年前の学校案内（B５サイズ、全一四頁）を調べてみた。施設紹介の頁に図書館の写真が一枚だけ掲載されている。冊子全体に占める割合は〇．六％。それから一六年後、二〇一〇年度の学校案内（A４サイズ、全二〇頁）では、なんと六頁、全体の実に三〇％が図書館に充てられている。それ以降、学校案内冊子の二頁ないし四頁が図書館に割かれ続けている。

東京純心女子中学校創立時（一九八六年）の入学者は二クラス分七九名にも関わらず、当初から中学生専用の図書館が設けられ、正規職の専任職員が置かれた。これは学園創立者シスター江角ヤスが残した「長く生命を持つ、良い本を読みなさい。知恵と心の糧となる本を」という言葉が、経営陣にきちんと受け継がれていたからだと考えられる。しかし、だからと言って、学校の教育機能の一端を担う役割を学校図書館が持っているという認識が、管理職をはじめとする教職員の中にあったとはお世辞にも言い難い。授業中いきなり生徒を連れてやって来る、生徒の動きからレポート課題が出ていることを知るなど日常茶飯事で、事前連絡が入ることはまずなかった。一方、生徒たちは「レポートが書けない」「テーマが決まらない」「おもしろい本を教えて」と言っては図書館を頼りにしてくれた。生徒たちの抱える困難を少しでも取り除いてあげたくて、かみ砕いて事象の解説をする、資料探しにトコトン付き合う、必ず私が読んだ上で本を紹介するなど、生徒の信頼だけは裏切らないように最大限の努力を重ねた。あるとき、出張の報告書に「授業を援助したい」と書いて提出したところ、校長（当時）に呼び出され「司書が授業に口を出すのか」と詰問された。「違います。私は授業を図書館の資料面からバックアップしたいと思っているだけです。校長先生は、図書館を何だと思っているのですか」と口走ってしまった。危うく一触即発の事態になりかけたのだが、今から思えば校長が学校図書館のことを意識しはじめた最初の出来事であった。校長退任時にかけてもらった「あなたの仕事は、図書館にある資料を教員や生徒に使ってもらう方法を考えることなのですね」という言葉は、今も私の心に珠玉のように光っている。

この間、生徒たちがとても大きな働きをしてくれた。課題を出す担当教諭に向かって「図書館に連絡しましたか」と言ってくれたり、国語の作文、英語のスピーチ原稿、学級日誌等に図書館のことを書いてくれたりしたのである。お陰で教員の視野に図書館は入るようになっていった。さらに、家でも図書館のことを話題にしてくれたので、保護者が学校に「もっと図書館をＰＲに使ったらどうですか」と言ってくることもあった。ＰＴＡ会報に図書館の特集記事が組まれることもあった。また、「図書館を見て、この学校に決めた」という受験生や「この学校の図書館は、人を招き入れますね」という塾の先生など、外からの声に後押ししてもらった。その証拠に、教頭から「うちの図書館は良い図書館だったんだね。外の声で気が付いたよ。遊佐さん、申し訳なかった」と言われるに至った。この辺りから、図書館を活用した五教科の授業が学校案内に掲載されるようにもなっていった。

インターネット時代に入り指一本の操作で情報が得られる簡便さが、生徒たちの情報を取り出す力、選択する力、複数の資料を比較してまとめる力、そこから自分の考えを生み出す力を付ける機会を奪っているのをひしひしと感じた。そこで、これらの力を身に付けさせる機会が作れる授業に目をつけた。音楽、社会、家庭といった教科が行っていた調べ学習である。図書館がハブとなって、それぞれの教科が好き勝手に実施していたものをつなぎ、加えてプロセスを大事にする探究型学習へと変えていった。これはのちに「純心オリジナルの探究型学習」と呼ばれるようになり、学校案内の一角を占めるまでになったのである。

コラム

調べる学習コンクールが袖ケ浦市にもたらしたこと

千葉県袖ケ浦市立昭和小学校長　鴇田　道雄

袖ケ浦市が「読書教育の推進」を市の教育重点施策に掲げたのは平成三年度のことである。情報化社会の到来とともに、学校にコンピュータが設置され始めた頃である。「パソコンの弊害を考慮し、豊かな心の育成のために読書教育に力を入れよう。」という当時の教育長の意を受け、教育委員会は図書購入費の増額と学校司書の全校配置を進めた。また、各学校は学校図書館の環境を整え、多様な読書活動の展開に力を注いだ。その後、平成一〇～一二年度に文部科学省より「学校図書館情報化・活性化推進モデル地域事業」の研究指定を受け、学習・情報センター機能の整備、学校図書館と市立図書館や博物館の情報と物流のネットワーク化を行った。この恵まれた環境を生かし、子どもたちに学び方の指導を行い、いかに学ぶ力の育成を図るかということに力を入れる必要があると考え、調べる学習コンクールを始めたのである。

市内の全小中学校が調べる学習に取り組むようになってから一五年、何よりも変わったことは、学校図書館が日常的に教科指導の中で利用されるようになったことである。国語の時間だけでなく、総合的な学習の時間や理科、社会、中には音楽や家庭科の時間にも利用されるようになった。これは、調べる学習がコンクールのためではなく、教育課程の中に位置付き、教科指導の中で探究的な学力の育成を図る一つの指導法として捉えられていることを意味する。同時に、教職員の資質・力量の向上と授業改善という面でも大きな成果を上げている。

二点目は、子どもたちが調べる学習を通して、情報活用能力、すなわち、課題を設定する力、資料・情報を集める力、資料・情報を記録し整理する力、資料・情報をまとめ発表する力を確実に身に付けてきていることである。現在、本市では、学校図書館支援センターが調べる学習をサポートするテキストとして「学び方ガイド」を発行している。この中には、図書館の使い方や図書の分類、図鑑や百科事典の使い方、資料リストや記録カードの作り方、引用や参考の書き方、レポートの作成の仕方等に詳しく触れている。各学校の先生方は、この「学び方ガイド」を活用しながら、調べる学習の指導を繰り返し行い、子どもたちの情報活用能力の育成に取り組んでいる。

三点目は、学校図書館が学習・情報センターとして成長し続けていることである。子どもたちの多種多様な疑問に対応するためには、資料や情報もより広く深く収集しなければならない。図書資料だけでなく、ファイル資料や新聞のスクラップ、リーフレットやパンフレット等も収集していかなければならない。本市では、学校図書館の資料を補うため、公共図書館や市立博物館とも連携を図るとともに、地域の学校支援ボランティア（図書ボランティア）の協力も得て、資料や情報の蓄積に努めている。また、学校司書と公共図書館の司書が連携し、子どもたちのレファレンスに対応できるように、ネット上の掲示板を活用した情報の共有化を図っている。

四点目は、司書教諭、学校司書、教科担任及び学級担任の連携が図られ、各々の役割が明確になってきたことである。司書教諭は調べる学習や学び方指導の教育課程への位置付けを明確にし、職員への周知を図ること。学校司書は図書資料やファイル資料等の整備を行い学校図書館の環境を整えること。そして、教科担任及び学級担任は学校図書館を活用した授業を立案し実践することである。

本市では、この他にも市立図書館が夏休みに「調べる学習相談会」を開催し、各分野の専門家が子どもたちの相談に応じている。また、調べる学習コンクールの入賞作品の展示や優秀作品の発表の場である「学びフェスタ」には、多くの保護者や地域の方々が参加して下さっている。このように、子どもたちの主体的な学びを、学校、家庭、地域社会が一体となってサポートする環境が整ってきたことも大きな成果である。

第4章　子どもたちが主役！

1 生徒の活動から教員へのアプローチ

茨城県立水戸第二高等学校司書　勝山 万里子

初めての学校図書館

（1）「学校図書館に人はいらない」から始まった

今でこそ、「学校図書館には専任の人が欠かせない」と言う私であるが、一九九六年三月までは全く逆であった。当時の私は、学校事務職員として事務室で支出や工事の入札などを担当していた。茨城では県立高校の司書は資格採用ではなく、多くの場合学校事務職員や実習助手が担当している。その頃の私は、「図書館は本が好きな生徒だけが行くところ。人なんかいらない。だったら事務室に回して」と思っていたのである。ところが、そんな私が勤務校の図書館を担当することになってしまったのだ。同時に高校教育研究会図書館部事務局長という県下一五〇校の学校図書館をまとめる大役を引き受けることになってしまった。三月まで電気工事の入札をしていた私が、四月から学校図書館を担当し右も左もわからないまま、会議や研修会で全国の学校図書館の最先端を見ることになったのである。文部省（当時）の担当者から「学校図書充実諸施策」を直接聞き、実践事例を見学した。そして茨城では見たことのないイキイキとした学校図書館と、生徒たちの姿に衝撃を受けたのだ。このような研修を通して、私の学校図書館観は「学校図書館は生徒の生きる力を育む大事な場所」と劇的に変化していった。

(2)「手探りのチャレンジ」

全国の実践を可能な限り取り入れて、当時の勤務校である那珂高校図書館の運営をした。倉庫のような図書館を掃除してＮＤＣ順に並び替えるところから始めた。年間貸出数が二百冊程度だった図書館が、この一年で約十倍、三千冊の貸出になり、小さな図書館が生徒で溢れるようになった。この様子を見ながら、「生徒の読書離れ」は「環境不備」による大人の責任なのではないかと猛反省したのである。

「生徒が主役」の図書館に

(1)「読みたい！」を支えた連携

その後、佐和高校に転勤し、前任高と同じように生徒のための図書館作りに努めたが、蔵書も予算も十分ではない。そんなとき入学したばかりのＮさんからリクエストがあった。ある作家が好きだという彼女の目標は全巻読破。著作が百を超える作家である。予算はない。しかし、地元のひたちなか市立佐野図書館の見事なサポートのお陰で彼女の要望に完璧に応えることができた。生徒会長になった彼女は、卒業後のパンフレットにいつの間にかこんなことを書いてくれていた。「私は在学中、佐和高校の図書館を、読書や学習、進路に使いました。読みたい本はこの図書館で全部読むことができました。皆さんも、是非利用して下さい。」この言葉は、佐野図書館のサポートがなかったら聞けなかった。学校図書館と公共図書館の相互貸借システムは、生徒のニーズに応えるとともに、図書館への信頼を育むものだと痛感した。

(2)「生徒が主役」ブックトーク

インターネットの時代になり、図書館の利用が激減し対策を考えていた二〇〇九年、たまたま見学に行った学芸大学小金井小学校で生徒によるブックトークを知った。早速、司書教諭に国語の授業での「生徒によるブックトーク」を提案した。学習指導要領などを検討、実行することになった。一つのテーマで本を三冊つないで紹介する、という課題は日頃本を読まない生徒にとっては、青天の霹靂以上に大変なことであったようだ。しかし、図書館にとっては一人一人にレファレンスができる絶好の機会になった。授業という逃げられない環境で、一人で発表しなければならないという状況は生徒を真剣にし、思いがけない変化や成長を見ることができた。

① 「ブックトークで人生変わった！」

K君は、本が好きではなく、どことなくぼんやりしている生徒であった。そんな彼がブックトークの授業を機に図書館に来るようになり、卒業時には顔つきが変化したように思われた。聞いてみると「ブックトークで人生変わった！」と言うのである。「一年生のときは本が苦手で読んだこともなかった。けれどブックトークでしかたなく本を読んだら、そこに自分の気持ちが書いてあってびっくりしたんだ。それから、いろんな本を読んで自分の気持ちを表わす言葉に出会った。友だちからも相談されるようになって自分に自信がついたんだ。ブックトークで人生変わったよ。」と言うのである。そして最後に「ブックトークがなかったら、本なんか読まなかった」とキッパリ。ブックトークを授業で行う際に一番心配したのが、強制的な読書になってしまうことである。本と出会うきっかけを作るためとはいえ、強制することに抵抗があっただけに、彼の言葉に心から安堵した。

② 「あのときの本、貸して下さい」

卒業したO君から電話があった。「今、大学のレポート書いているんですけど、本貸して下さい。」一時間後、自転車をこいで汗だくになってやってきた。「福祉のレポートを書いているが、昨年のブックトークでK君が紹介した本がぴったりだと思ったが、大学の図書館にも、近くの図書館にもない。でも、どうしても使いたいので、思い切って借りに来た」というのだ。遠くから自転車で来たこと以上に、ブックトークの本を覚えていたことに驚いた。「よく覚えていたね」と言うと、「あのK君がこんな本を紹介したので、すごく印象に残っていたんです」との答。「君は本が好きだったの？」と聞くと、「いいえ、読み通したことなんてほとんどないです。でも、あのブックトークは意外なヤツが意外な本を紹介するので覚えています。」とこれこそ意外な答えが返ってきた。「読む」ことばかり意識していたが、「聞く」ことにも効果がある取組だったと再認識した。後日「レポートAになりました」との報告もあり、様々な可能性を感じた出来事であった。

③

「先生、どこへ行っても……」

また、K君ばかりでなく、ブックトークで初めて本を読んだというW君は「図書館ってすっげー！　もっと早く図書館にくればよかった。」と感動してくれた。就職が決まっていた彼にはレファレンスをしながら、卒業後は公共図書館が使えるようにと棚の特徴を話したのだ。「生きるのにつらくなったら一の棚、仕事で迷ったら三の棚、困ったときには図書館に行きなさい。図書館には世界中の知識があるからね。」と。そんな彼が、私の転勤時真剣な顔で側に来て「先生、どこへ行ってもこんな図書館作ってくれよ。」と言ってくれた。今まで一冊も本を読み通したことのないW君の言葉だけに本当に嬉しく、今でもくじけそうになったときのエネルギーになっている。

「生徒が主役」スタートプログラム

東日本大震災の二〇日後、現任校である水戸二高に転勤した。教室が使用不能となり図書館が一年七組の教室として使用されることになっていた。生徒の様子を毎日見ることで「図書館の本を利用しない」ことに気が付いた。原因の一つは図書館体験の不足である。中学校の図書館は鍵が掛かっていたり、学級文庫での読書が主流だったりと多くの生徒が図書館を利用しておらず、NDCすら知らない。このままでは高校はもちろん、大学でも困るのは明らかである。そこで担任と相談し、図書館を使って自分で選んだ人物の挫折と乗り越え方を調べて発表する取組をすることにした。これが大変好評で、翌年は一年生全員に行うことになった。図書部で、図書館利用教育、SSHとの連携、道徳「生き方・在り方」の要素を盛り込み、パワーポイントでまとめ、マイクを使って発表するというプログラムを作り、「総合学習の時間（道徳）」に行うことになった。ALTに趣旨を説明し、ネーミングを依頼したところ「Students Talk About Reading Themes」の頭文字をとった「STARTプログラム」と命名してくれた。このプログラムを体験した生徒の感想は「今まで知らなかった図書館の仕組み、資料の探し方、まとめ方、発表の仕方を一連の流れとして経験できたことがとても良かった」が九〇％を占めた。

「生徒が主役」でありつづけるために

先日このプログラムを体験した図書委員が、大学入学後「先生、私たち大学で困っていません。図書館の使い方を知ってるってすごいですね。レポートも今のところAです。」と報告してくれた。当たり前だが、高校を卒業後も人生は続く。その先の人生でも悩み苦しむときがあるだろう。しかし、どんなときでも自分の人生の主役は自分なのである。一人一人の生徒たちに「図書館は世界中の知識があるところ。困ったときには図書館へ行ってね」と言ってあげたい。そのためにもあらゆる機会を捉え、一生使える「図書館の使い方」を伝えていきたい。

2 生徒のアイデアを取り入れた学校図書館の活性化

筑波大学附属駒場中学校高等学校司書教諭　澤田 英輔

平成二四年度、図書館の改善のために、図書館のレイアウト案を生徒から公募する「図書館デザインコンテスト」を行った。本稿でその経緯や課題を書くことで、今後の同種の取組の参考にしてもらえればと思う。

取組開始の経緯

平成二四年度、長らく司書不在の「本のある自習室」だった本校図書館に、大学と連携した高度情報化推進事業の予算で司書が雇用された。またこの事業の一環として、図書館に授業利用などの新機能を加えることを視野に入れた再度のレイアウト変更も検討されることになった。

このレイアウト変更は、当初は図書委員会を中心に進めていく予定だった。しかし、夏休み直前の七月、この事業の大学側構成員である学校図書館の研究者・平久江祐司先生から「生徒のコンペにしたら」という提案をいただき、大急ぎで「図書館デザインコンテスト」という生徒参加型の図書館リニューアル案コンペの企画を考えた。それは、ただのコンテストではなく半年間をかけたワークショップ。有志生徒が図書館や建築について学び、その知識を活かした形で図書館の新デザイン案を提案し、最優秀作品を決めようというものである。

アイデアの骨格を作ったあとは、外部の協力者探しを急いだ。つてを頼って八月末には企画全体をデザイナーの矢代惠一氏と建築家の久保和樹氏に企画協力を依頼し、以降は自分も含めた三人でワークショップのプログラムを考えていった。また、九月に入ってすぐにコンテストに参加する生徒を募集したところ、幸いなことに中一～高二まで適度にばらけた合計一六名が応募してくれた。彼らを四つのグループに分けて企画はいよいよスタートした。

取組の概要

「図書館デザインコンテスト」の最終的なプログラムは下表の通りだった。

ご覧のように、ワークショップの構成としては、まず一度自分たちでレイアウト案を考えて模型を作ってから（第一～二回）、レクチャーや見学を行って図書館やデザインについての専門的知識を学び（第三～六回）、それを踏まえてもう一度アイデアを作りなおし（第七～九回）、発表する（第一〇回）という、ダブルループ・ラーニングの手法を用いた。これを提案してくださったのは矢代氏であり、ワークショップで使う図書館什器の2D模型と3D模型を設計してくださったのは久保氏である。やはり、このワークショップの運営には、お二人の力がとても大きかった。

一連の企画はすべて授業外の土曜日などを用いて行われ

第1回（10月 6日）	**「図書館のコンセプトデザイン」（ファシリテーター：安斎勇樹氏）** 学習環境デザインの研究者による、コンセプト作りのワークショップ。
第2回（10月14日）	**「キットを用いたデザイン考案」（ファシリテーター：久保和樹氏）** 建築家である久保氏の講義と、図書館の模型を用いたワークショップ。
第3回（11月17日）	**「講演：探究心をはぐくむ学校図書館」（講演：桑田てるみ氏）** 学校図書館の研究者による学校関係者向け講演の聴講。
第4回（11月24日）	**「講演：学校図書館の経営」（講演：平久江祐司氏）** 学校図書館の研究者による、学校図書館の役割についての生徒向け講演。
第5回（12月17日）	**「明治大学附属明治高中図書館見学会」** 先進的な学校図書館の見学会。司書教諭の先生に対応していただいた。
第6回（12月27日）	**「TSUTAYA ROPPONGI TOKYO ＆ 東京大学福武ホール見学会」** デザインに工夫のある書店や施設の見学会。
第7回（ 1月12日）	**「コンセプトの作り直し」（ファシリテーター：矢代恵一氏）** これまでの学習内容を踏まえてコンセプトを作り直すワークショップ。
第8回（ 1月26日）	**「中間発表会」（助言者：酒井康介氏）** デザイン案の中間発表と、建築家の酒井康介氏による助言。
第9回（ 3月18日）	**「デザインの最終検討」（ファシリテーター：矢代恵一氏）** デザイン案の最終検討と、発表資料の作成。
第10回（3月22日）	**「最終審査会＆審査発表」** ６名の審査員の前での最終審査会と審査結果の発表。 審査員：平久江祐司氏（学校図書館研究者） 酒井康介氏（建築家・本校卒業生） 中学生徒会長　高校自治会長 本校副校長　本校高度情報化推進委員会委員長

「図書館デザインコンテスト」プログラム

た。生徒たちも大変だったと思うが、それでも彼らが積極的に参加してくれた理由は、本校図書館の改革に実際に関われること、学校外の大人と接点が持てること、図書館のデザインという普段の授業ではできない学習ができることなどがもたらす、新鮮さや高揚感だったに違いない。矢代氏と久保氏は多忙な中を学校に来てくださり、生徒を支えてくださった。また、本校図書館司書の二人も、ほとんどの回に参加しアシストしてくれた。

迎えた最終審査会。四グループの生徒たちは、事前に公表された評価基準を踏まえて、それぞれの案を発表した。その中から審査員が優勝案に選んだのは、「チームくまもん」の提案した畳を基調とした案。広大な二十畳以上の畳を敷くことで、授業も自習もグループでの話し合いもできる多目的スペースにする案である。いわば図書館の中に寺子屋を作るイメージだが、なかでも生徒たちが推していたのは、上履きを脱いでリラックスできる空間であることだった。

こうして図書館デザインコンテストは終了した。筆者自身も、長期にわたる学習プログラムを作る面白さと生徒たちのやる気の高さに感化されて、忙しくも楽しい半年間が終わったのである。

取組の成果と課題

翌年度は、コンテストの結果を受けて教員数名の検討チームが作られ、この優勝案が検討された一年だった。しかし、これは率直に言って難航した。二〇畳以上の畳を使った優勝案の実現性の難しさもあるが、この段階になって、筆者の進め方のまずさが顕わになってきたのだ。そもそも、この企画は正式な手続きに則って委員会を通過し、会議でもその都度報告されていていたものの、これに興味を持って「わがこと」として関わっていた同僚は、司書以外ほとんどいなかった。また、当然のことながら、検討チームの同僚は学校図書館について詳しいわけではない。むしろ関心の薄い同僚もいた。そういう同僚たちを巻き込んで行くのには、難しい面もあった。

夏休みから秋にかけて何度か話し合いの場が持たれた。その中では、検討チームのメンバーの理想の図書館像を話し合うワークショップや、コンテストの優勝チーム生徒と一緒に図書館の模型を作って考えるワークショップも行った。そういう過程を経て、同僚たちも生徒案の長所を好意的に捉えて活かそうとアイデアを色々出してくれたが、結果として、二〇畳以上の畳スペースという斬新な試みを実現しようと決心するには至らなかった。維持費や管理、生徒指導上の問題といったマイナス点もあるから、やむをえないことだったろう。

二〇一四年一月。数度にわたる検討の結果、コンテスト優勝案は、図書館リニューアルの原案としては否決された。検討チームが代わりに採択したのは、図書館を「本棚エリア」・「授業&グループ学習エリア」・「自習エリア」の三つのエリアに区分し、本棚エリアの中に生徒が提案した畳を敷くスペースをつくるという、堅実で、良くも悪くも無難な案だった。

こうして、生徒の畳スペースの提案は、「くつろげる空間」というコンセプトが一部分採用されるにとどまった。ただ、本棚の間に設置された畳コーナーは、二畳程度と小さいながらも、生徒が寝転んで本を読んだり休憩したりする場所になっている。現在の本校図書館には欠かせないこのスペースの完成によって、本校の図書館レイアウトの試行錯誤も、ひとまず一段落ついたことになる。

この一連の取組をあらためて振り返ると、学校外の専門家たちと接することで、生徒たちも学習しながらイベントに関われた効果が大きかった。企画した学校側としても、生徒の「くつろげるスペースが欲しい」というニーズを把握できた。生徒への教育機会としても、生徒の要望を汲み上げる方法としても、コンペは有望な選択肢の一つだと思う。一方で、学校全体で了解をとっていく点には、筆者のやり方に問題があった。日常的に図書館に関心を持ってくれる同僚をもっと増やしていたらという思いは、今も悔いとして残っている。この点は、次に同様の機会を作るときにはしっかりと意識していきたい。

3 授業とともに部活動で生徒と図書館を育てる

関西学院中学部司書教諭、読書科担当　河野 隆一

伝統の読書科と図書部

勤務校の学校図書館は一九五一年にスタートした。図書館での授業も同時にはじまった。一九六四年に司書教諭が置かれ、その授業を担当するようになり、一九六七年に読書科という特設教科にまとめられた。一九七六年、読書科は三年間にわたる週一回の授業になった。図書館を活用する教科の存在が貴重な時代だった。しかし、経年劣化は否めなかった。授業であるにも関わらずカリキュラムが整備されていない。他の教科や行事や学級など、学校の諸要素との関わりは皆無だった。

読書科を支える図書館の運営は、図書部というクラブ活動が多くを担当した。顧問は司書教諭が担った。図書館に職員が配置されたり、図書館が拡張されたりしたが、図書部がカウンター業務を担い、その活動に誇りを持ちながら運営を担っていることに変わりはなかった。多くの生徒もそれを理解し、「生徒の図書館」という認識があった。しかし一九九九年、図書館が電算化となり、個人情報管理および情報機器保全の観点から、図書部によるカウンター業務が停止となった。活動の基盤を失った図書部は存在意義を失いかけた。常時二十名以上いた部員は、二〇〇一年には三名にまで落ち込んだ。

図書館の様子（1955 年）

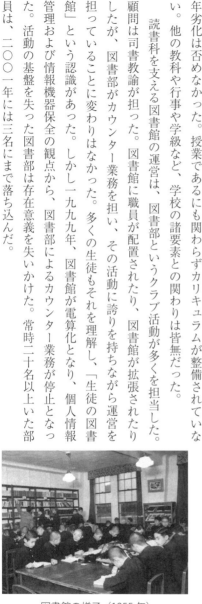

「図書館の聖域化」を食い止める

二〇〇一年、私は勤務校の司書教諭に就いた。図書館には担当者だけが関わる。担当者以外は関わらない。関わってはいけない。いわば「図書館の聖域化」が進んでいた。

幸い勤務校が母校であったこともあり、生徒が図書館をどのように見ているか容易に想像できた。学校図書館法改正による司書教諭必置の時期と重なったことから、図書館に関する客観的な情報も得やすかった。図書館への生徒の愛着は失われつつあり、整備されている図書館とも言い難かった。改革は急務だったが、そのために必要な学校関係者の協力も得にくい状態だった。

改革の担い手として、生徒に着目した。学校関係者ならば誰でも生徒と良き関係にありたい。生徒の真剣な意見ならば聞き入れやすい。主たる図書館利用者である生徒をもって図書館を変えることはできないか。既存の読書科で良き利用者となる生徒を育て、その生徒によって学校図書館を変える。そんな漠然とした構想を持った。

読書科カリキュラムの整備

当時の読書科の問題は、主として二つ挙げることができる。①三年間継続する授業としての利点を生かし切れていない。②他の教科、行事、学級など学校諸要素との関わりがほとんどない。

三年間通しての授業にも関わらず、単元同士の有機的なつながりに乏しかった。新聞記事の切り抜きを推奨したかと思えば、詩を鑑賞し、作文の技術を教えたかと思えば、好きな本の人気投票をしていた。限られた授業の中で、いかに効果的に教えるか。授業として成立させるか。そのためには、三年間を見通した体系的なカリキュラムを組む必要があった。図書館を活用して汎用的な学び方を教える授業であるにも関わらず、学校諸要素との関わりがほぼなかった。生徒も教職員もその目的や意義を納得できなかった。学校諸要素との関わりを持たせて、その有用性を肌で感じてもらう必要があった。

　これら二つを満たすべく、「児童・生徒の学習のための情報リテラシー基準」（AASL、一九九八）、「情報・メディアを活用する学び方の指導体系表」（全国SLA、二〇〇四）や他校の実践例を参考にしながら、段階的にカリキュラムを変更し、学校全体に周知していった。

図書館での探究をリードする図書部

　読書科で図書館の良き利用者となる生徒を育てる。それが定着するには核となる生徒の存在が欠かせなかった。生徒は生徒のことがわかる。生徒から生徒へはスムーズに伝わる。その役割を、存在意義を失いかけていた図書部に期待した。

　カウンター業務がなくなった当時の部員三名と話し合いを重ね、次のような活動内容を定めた。①図書館運営への参加。②図書館の広報。③図書館を基盤とする調査・研究。特に③について説明したい。

文化系のクラブ活動にとって、周囲に活動成果を発表する晴れの舞台が文化祭である。図書部では一一月の文化祭での展示発表をゴールに、テーマを定めて一年かけて調査・研究を行うことにした。テーマの条件は、①部員同士が共有できる基本資料がある。②フィールド・ワークを伴う。③一年間調査・研究できるだけの広がりと深みがある。先の三名が三年生になっ

	1年生		2年生		3年生	
	単元	時数	単元	時数	単元	時数
1学期	図書館オリエンテーション	1	情報カードによる演習	5	作文の技術（エッセイを書く）	4
	読書科オリエンテーション	1	ブレインストーミング	2	卒業レポート 情報カードの作成	13
	図書館とは？	1	マインドマップによる演習	4	卒業レポート 中間発表	3
	図書館の自由とマナー	1	総合的な探究演習	5		
	図書館の歴史	2	メディアリテラシー	1		
	図書館の種別	2	事実と意見	1		
	図書館の分類	3	新聞の特徴	2		
夏休み	公共図書館の見学		新聞記事の資料化と活用		卒業レポート 序論を書く	
2学期	大学図書館の見学	1	作文の技術（エッセイを書く）	5	卒業レポート 本論を書く	13
	図書館の分類	2	2人1組での校外学習新聞	13	卒業レポート 結論を書く	3
	図書館の目標	1			卒業レポート 発表用資料の作成	2
	5人1組での校外学習ポスター	6				
	図書館の現代社会	2				
冬休み			卒業レポート テーマ設定		卒業レポート 発表用資料の作成	
3学期	作文の技術	4	卒業レポート 参考資料の検索と評価	7	卒業レポート 発表と質問	6
	知的財産権と新しい人権	2	卒業レポート 仮説と論理の構築	5	3年間の「読書」をふりかえる	1

読書科のカリキュラム（2014年）

た二〇〇三年以来、軌道に乗りはじめた。

二〇〇九年は『罪と罰』をテーマとした。「オーサー・ビジット」（朝日新聞社主催）によりロシア文学者の亀山郁夫氏が来館されたことにはじまる。亀山氏によりドストエフスキーの魅力と翻訳の妙を学んだ部員は、日本語翻訳の比較をメインに据えた。亀山訳をはじめいろんな『罪と罰』を毎週読み合い、訳の違いや工夫を調べた。その中で興味をもったロシア料理、『罪と罰』の舞台、ドストエフスキーの生涯などの小テーマについて深めていった。実際に白パンをつくってみたり、ペテルブルクの模型を作成したりした。図書館で探究する図書部の姿は、生徒のあいだにも知れ渡っていった。結果として、読書科で学ぶ有用性や図書館活用の必要性を、他の生徒はもちろん学校関係者すべてにアピールすることにもつながった。

生徒とつくる新図書館

読書科の授業や図書部の活動への支持が広がり始めた頃、勤務校の共学化（それまでは男子校）に伴う新図書館の構想がもちあがった。二〇〇九年頃である。探究する上で図書館に必要なものは何か。ちょうど図書館の原点に関わるようなところにも利用者の関心がおよんだ頃だった。新図書館はどのようにあるべきか。図書部を中心とする生徒たちと話し合いを重ねた。教職員で決めることも多かったが、生徒の意見も採用した。例えば、中庭を臨むカウンター席である。紫外線劣化のこともあり、日射しが入る中庭側の二面（図書館はL字型）付近をどのようにすればいいか困っていた。四人掛けテーブルの設置に対して、ひとりになれる場所も必要という声もあがっていた。「カフェにあるようなカ

図書部による文化祭展示「罪と罰」
（2009年）

ウンター席があったらいいよね」。そんな生徒の意見によってカウンター席が設置された。二〇一一年九月、新図書館はスタートした。二〇一二年四月には共学校となった。同時に、勤務校では新しいカリキュラムがスタートし、読書科は週二回の授業（一年生のみ週一回）となった。図書館や文化的な生活とはどうあるべきか。体系化、学校諸要素との関わりとともに、生徒や社会の動向にも注視しながら、常にカリキュラムを更新している。図書部の活動については、先述①図書館運営への参加が充実してきた。リクエスト制度である。部員によってリクエストの書式や方法が簡便になった。例えば、リクエストされた資料については、個人名を伏せた上で、図書部がその資料を吟味。図書部独自基準により、その可否を図書部が判断するようになった。最終決定は教職員が行っているが、部員の判断を覆したことはほとんどない。

「図書館は成長する有機体である」

専門職員が図書館を学ぶことはもちろん大切だが、利用者が自身の目線をもって図書館を学ぶことも大切だと考える。両者の学びがあって、図書館は成長していくのではないだろうか。どこまでが専門職員の仕事か。どこまで利用者の知見やアイデアを受け容れるか。専門職員にも利用者にも抜け落ちている視点はないか。課題も多い。いろんな人や資材を巻き込み、課題を克服しながら、成長する図書館であり続けたい。

新図書館とカウンター席（2012 年）

図書部の活動の様子（2015 年）

コラム

生徒・教員の集う広場 ～学校の文化を醸成する空間へ～

東京学芸大学附属国際中等教育学校司書　渡邊　有理子

東京学芸大学附属国際中等教育学校は、附属大泉中学校と附属高等学校大泉校舎が統合・再編され、二〇〇七年に六年制の中等一貫校として発足した。グローバルスタンダード教育である、国際バカロレア（ＩＢ）の中等教育プログラム（ＭＹＰ）を日本の国公立学校では初めて導入し、国際化の中で多様性と共生・共存をしながら活躍できる人材の育成を目指している。現在、生徒は約七〇〇人。このうち約二四〇人が海外教育経験者である。平成二六年度からはＳＳＨ（スーパーサイエンスハイスクール）の指定校となり、平成二七年度からはＳＧＨ（スパーグローバルハイスクール）にも指定された。加えてＩＢのディプロマプログラム（ＤＰ）にも認定され、平成二八年度より導入されることが決まっている。様々なプロジェクトが同時進行する中、総合メディアセンター（学校図書館）も生徒や教員の多様な要望に応えるべく、環境の整備と充実が求められている。

総合メディアセンターは、三棟ある校舎の中央棟一階、生徒も教員もアクセスしやすい位置にある。両サイドに分かれた書架スペースの中央に「多目的な活用」を目的としたスペースが広く設けられ、可動式の机と椅子で、一クラス単位（約三〇人）の授業から、一学年（約一二〇人）での集会や講演会にも対応できるようになっている。昼休みや放課後以外は、自習には他の空き教室が割り当てられており、あくまでも館内は授業での使用が優先されている。各教科の研究室から利用予約ができるシステムを情報科の教員が作成した後は、多様な教科の教員が館内で授業を行うようになり、授業に必要な資料の準備に司書が関わる機会は年々増えている。

日常的に学校司書としては生徒が読書を楽しみ、自ら知りたいことを調べる力を培うことを第一と考えているが、図書館通信の発行、毎月行うテーマ展示、ＮＩＥを意識した新聞の時事問題と書籍展示、多様なＮＧＯのニュース掲示など、館内を歩きながら興味を喚起するしかけを心がけている。またその一方で教員や生徒が主体となって情報発信をできる場としても提供している。例えば美術部は年二回絵画展を開き、その時期は館内がまるで美術館のようになる。またボランティア部は、毎年夏休みに訪れる東北の被災地の報告パネル展をひらき、変わらぬ被災地の厳しい現状を伝え続けている。教員も研修で訪れたパレスチナの写真展や北極での観測隊員経験の講演会を行うなど、学年や立場を超えて相互交流や情報発信が行われている。

さらに本校はＳＳＨやＳＧＨの指定校になったことをきっかけに、放課後不定期に館内で「サイエンス・カフェ」や「グローバル・カフェ」が開かれるようになった。今年の七月に行われたグローバル・カフェでは高校三年生の女子が主体となり、子どもの権利とジェンダーについて映画上映とワークショップを開いた。もちろん、こうした情報発信をするためには生徒も企画書を作り、職員会議で承認されなければならない。しかし、そのために準備された企画は一様に高い質で実施され、毎回他の生徒の刺激となり、教員には生徒の成長を目にする機会となっている。

グローバルな人材とは語学ができるだけではなく、柔軟なコミュニケーション能力が必要となる。中高生という、自己主張を持ち、進路を考えはじめるこの年代に、多様性を認め合い、違いを豊かさとして捉える力を培う機会や場が身近にあることはとても大切だと思う。授業や行事のために準備し発表するだけではなく、生徒も教員も情報を発信したいときにでき、相互交流できる場、まさに学校文化を醸成する空間としての役割を、これからもメディアセンターは担っていきたい。

（本稿は『学校図書館』二〇一五年八月号（七七八号）掲載の記事をもとに要約・加筆した。）

コラム

校外との連携で生まれる子どもたちの多様な活動

工学院大学附属中学校高等学校専任司書教諭　有山　裕美子

校外との積極的な連携は、今から六年ほど前、当時の図書委員の「近所の保育園でおはなし会をやってみたい！」の言葉から始まった。生徒たちはプログラムを一生懸命考え、練習を重ねてその日を迎えた。初めてのおはなし会は大成功。小さな子どもたちのキラキラの目に、図書委員たちはすっかり魅了されてしまったようだ。

おはなし会をきっかけに、生徒たちの自主性がぐっと広がったように思う。当時学園内で、創造的な活動にお金を支援するという追い風もあり、大型絵本や紙芝居等を購入、また講師の先生をお呼びして、絵本の読み方や紙芝居の実演などをしていただき、自分たちのスキルを磨くという活動も始まった。おはなし会を行う中で、もっとうまくなりたい、もっと子どもたちに楽しんでもらいたいという思いが、生徒たちの中で強く大きくなってきたようである。科学教室や文化祭等の行事の中でもおはなし会を行い、いろいろな方に自分たちの活動を見ていただく機会も得た。お客様に聞いていていただくという行為もまた、生徒たちを大きく成長させてくれた。

このことをきっかけに、作家さんの講演会や書店員さんをお呼びしてのＰＯＰ講座の開催など、活動は様々な形に広がっていった。校外活動の一環として、国立国会図書館や出版社見学を行うこともある。また大学図書館や書店への選書ツアーも行う。他校との図書委員との交流も大きな行事である。自校の図書館から外に出て、いろいろな場所を見学したり様々な人と触れ合うことは、活動の幅を広げ新たな気付きをもたらすきっかけにもなる。

おはなし会といって、忘れてはならないのが〝ぺんちゃん〟である。おはなし会の進行役として常に生徒たちに同行していたぬいぐるみのぺんぎんは、当初から〝ぺんちゃん〟の愛称で親しまれ、生徒手書きのポスターやしおりに登場するようになり、今では図書館の広報活動の一翼と担っている。

昨年度はｇａｃｃｏを導入し、コーナーを設け図書館内で受講できるようにした。ｇａｃｃｏとはＭＯＯＣの日本版であるＪＭＯＯＣのひとつで、大学の講義を無料で受講できる。家でも受講できるが、まずは図書館で受講することにより、気軽にそして仲間とわいわい参加できるという利点がある。オンラインで大学の講義を受けることができるのだという情報提供もまた、学校図書館の仕事のひとつである。

「東京オリンピックアーカイブ１９６４〜２０２０」の取組も、図書館から始まった。これは一九六四年当時のオリンピックにかかわった人のインタビューや、当時の暮らしを写した写真などをウェブ上にアーカイブしていくもので、前述の首都大学東京の渡邉英徳先生と朝日新聞フォトアーカイブが共同で制作、運営している。その取組に本校生徒も参加しているのだが、インタビューを行うにしろ当時のことを調べるにしろ、下準備が必要である。そのためにはまず図書館の資料が有効であることは言うまでもない。

以上は本校における校外と連携活動の一例である。出かけていく、人に来てもらう、ネットでつながる。これらの活動の根幹に図書館があり、それを支える情報がある。これからも様々な形で郊外と連携することにより、子どもたちの主体的な学びを支えていきたい。

参考文献

渡邉英徳研究室サイト　http://labo.wtnv.jp/　（参照 2015-10-5）

第5章 すべての子どもたちに本を！ ～特別支援教育での図書館活用～

東京都立墨東特別支援学校主任教諭　生井　恭子

1 ようこそ私たちの図書館へ

はじめに

私は教員になる前、三年半葛飾区立図書館の非常勤職員として児童・Y・A（中高生への読書）サービス担当をしていた。特別支援学校の教諭になって一〇年、この間、学校図書館の運営に携わってきた。

本校は肢体不自由のある小学生～高校生の児童生徒が通う特別支援学校で、在校生の約八五％が車椅子で学校生活を送っている学校である。皆さんは、どんな図書館のイメージをもつだろうか？　特別支援学校も文部科学省が定める学校で、図書館の設置義務があるのだが、児童生徒が利用してみたい魅力的な図書館ではなかった。これから本校の図書館復活の奮闘記をお話ししたい。

本がある環境作り

私が墨東特別支援学校に赴任した二〇一二年、「本をたくさん購入して、図書館を整備するように」と管理職から方針が指示された。そのときの図書館といえば三階にあり、半分は、高校生の教室だった。教室なので授業中も昼休みも図書館には高校生がいた。入りたくても入りにくい図書館。小学生は「入ってもいいですか?」と断ってから利用していた。高校生と兼用の図書館から高校生に出て行ってもらうのは不可能である。まずは、誰も使っていない廊下の一角を図書コーナーとして利用できるのではないかと考えた。廊下の一部のため、防災上の問題について経営企画室長との交渉を重ねて、設置可能となった。

図書コーナー作りスタート!

まず、児童生徒が立ち寄りたくなる場所、本がめくりたくなるコーナーを考えた。図書館司書として学んできたことをフル活用しても授業の準備や他の業務があるためとても一人ではできなかった。そこで、公共図書館仲間Wさんに相談したところ協力を得ることができた。Wさんのアイディアがなければ、現在の墨東特別支援学校の図書館はないと言っても過言ではない。

毎月変わる本校の図書コーナー作りは、季節に合った本や装飾をすることで、児童生徒・教職員の目に止まり、貸出数が増えていった。保護者や来校者も図書コーナーのある廊下を通ると気が付くようになった。「今月もいいね!」の一言が活力となった。

二階には、中高生の教室がある。「私たちのコーナーはないのか?」と意見をもらった。確かに子どもっぽい本ばかりではなく、将来に向けての本やユーモアがあふれる少し大人の絵本、マンガなどを揃えたY・Aコーナーがあってもいい、中学部のS先生と協力してコーナーを設置した。授業の合間にマンガを読んで一息入れたり、教職員と一緒に宮沢賢治の絵本を開いたりする様子が見られるようになった。二階コーナーもWさんのアドバイスが生かされている。二か所のコーナー作りまでには、一年かからなかった。勢いと協力し合える仲間がいることで、設置できたと思っている。

ついに図書館移動！

図書館が一階に移動することになった。一からの図書館作りである。二〇一三年三月に三階の図書館閉館、五月に開館した。ものすごいスピードで進めた。開館に向けて、次の四点を心がけた。

○ 車椅子で移動しやすく、本が手に取りやすいこと
○ 基本的には日本十進分類法で分類し、わかりやすいこと
○ 教職員も教材研究ができるような資料を置くこと
○ 装飾も明るくし、リラックスできるスペースを作ること

五月の開館までの約一か月間、高校生のA君は、私の教室まで来ては「いつ、開館しますか?」「こんな本は入りますか?」と何度も尋ねてくれた。こんなにまで、図書館を待っていたことを改めて感じた。また、肢体不自由校にも図書館は必要なのだと学んだ出来事だった。

五月の連休明け、新しい図書館は開館した。友達同士で図書館に入って、お気に入りの本や図鑑を取り出して、見せ合う姿を見ることができた。

また、どうしても作りたかった「マットスペース」では、車椅子から降りて、手足を伸ばしてくつろぐ子どもも増えてきた。

読みたい本を自分で取れるよ

お話しの会「うさぎ」

私が図書館職員時代に出会った。憧れていたSさんが本校専属のお話しグループ「うさぎ」のリーダーとして活躍している。うさぎのメンバーは、図書館や文庫で活動されている三名である。月に二回程度、教室でお話し会を行っている。二〇一二年に開始して四年目に入った。肢体不自由の子どもたちの実態をまったく知らない方たちが、教室に入り、読み聞かせやパネルシアター、手遊び、ブックトークなど担任のリクエストを元に行っている。初年度は、教員との距離があり、メンバーは遠慮があったと言う。「うさぎ」のメンバーに背中を向けて他の仕事をする教員の姿もあった。継続することで、教員も一緒になって楽しむまでになった。Sさんは、「毎回が緊張と試行錯誤の連続」と話していた。教員側にとっては、お話し会が授業作りのヒントになることもある。また、お話し会に参加した様子を連絡帳に記入すると「絵本を読むきっかけができた」と記入する保護者も出てきた。二〇一四年には「うさぎ」の日程が出されると調整するのが難しいほどの人気になった。

子どもと本をつなげる活動

生徒たちのアイディア活動が図書館や図書コーナーを華やかにしてくれている。二〇一四年から高校生の職業学習の一つとして「図書館整備」を指導計画の中に取り入れている。導入時は、「どんなことをすればいいのか?」「評価は?」とやや後ろ向きな質問をされたが、例になりそうな仕事内容をいくつか出すと、生徒から魅力的なアイディアが出された。学習をきっかけに生徒たちが自信をもって仕事をし、卒業後の進路へとつながると嬉しい。

図書館のマットスペースで本を楽しむ

うさぎによるお話し会

生徒と本をつなげる活動では、「落語鑑賞へ行く学習グループに落語に関するブックトーク」を担任に提案した。「落語の楽しさを事前に味わうことができた」と好評だった。他には、進学先の大学から「人生を考える本を読み、論文を書くこと」と宿題が出された生徒に対して、「働く」「生き方」などの本をそろえたブックトークを実施し、その後、その生徒は論文を書き上げた。子どもたちのニーズに合った本を紹介することで本を開き、読むきっかけが増えた。

最後に

墨東特別支援学校の図書館はこのような取組をしてきた。これは、ほんの一部である。全てが、初めてすること、挑戦することばかりだった。管理職への相談や講師への依頼・本校の説明なども一気にやってきた。悩むことも多かったが、やってきたことは現在も継続されている。継続したことで、周りからの期待感も高くなっている。今後は、情報を収集する情報メディアセンター的な役割ができる図書館作りが課題となっている。その為にも図書館へ「人」が欲しい。

日々の業務をしながらなので、実際余裕はない。特別支援学校にも学校司書が導入されることで、今まで以上に図書館が児童生徒・教員にとって身近な存在になるのではないかと考えている。

2階図書コーナー

2 鳥取県における特別支援学校図書館の充実を目指して

鳥取大学附属特別支援学校司書教諭　児島　陽子

知的な遅れがある子どもたちにとっての「読書」「学校図書館」って何？

私が鳥取県立白兎養護学校に異動になったのは二〇〇〇年四月。それまで一三年間、小学校で勤務してきた私にとって、初めての特別支援学校であった。白兎養護学校の図書館は、学校の規模に似合わず、とても小さな図書館で、誰も常駐する人がいない図書館には、子どもたちが出しっぱなしにしたままの本が散乱し、小学部の担任をしながら図書館担当になった私の仕事は、まず放課後に図書館に行き、その本を片づけることだった。また、担任をしていて子どもから離れられない私には、図書館で子どもたちがどのような本の楽しみ方をしているのか、授業でどのように本が活用されているのか、全くわからなかった。さらに「この子は字が読めないから本はいいです。」とか「ここの子どもたちに読書は難しい。」とはっきりと言う教師もあり、それまで小学校でずっと図書館教育に携わってきた私にとって、「知的な遅れがある子どもたちにとっての読書って何なのか。学校図書館の役割って何なのか。」考えさせられた。と同時に図書館担当という自分の仕事を否定されているようなそんな気持ちにさえなったのである。

学校図書館への追い風と特別支援学校

学校図書館法の改正があった一九九七年頃から、鳥取県の学校図書館には追い風が吹いていた。この年、県教育委員会は、学校の規模で学びに格差があってはならないと、一二学級に満たない学校も含め、司書教諭の全校配置に踏み切った。また、一九九九年には、「図書館のミッションはすべての人の自立支援である。」との図書館に強い思いを持つ片山善博氏が知事に就任。全県立高等学校の学校司書の正規職員化、蔵書の充実事業、司書教諭研修会等の各種研修会の開催等、様々な学校図書館充実のための施策が行われた。また、この間に「司書教諭と学校司書の両者がいる学校図書館」を理想の姿と考え、ほとんどの公立小・中学校で学校司書の配置がなされた。このような鳥取県の学校図書館をめぐる追い風は、特別支援学校にも吹いた。平成一五年度には、県内の全ての特別支援学校に一名ずつ司書教諭が配置になり、さらに平成一七年度には、県立の特別支援学校五校に図書館事務補助職員（平成二三年度から学校司書、以下学校司書と明記）が配置になり（盲・聾学校と市立の養護学校三校には、すでに配置になっていた）、公立の全ての特別支援学校八校に司書教諭と学校司書がいる状況ができたのである。特別支援学校の図書館の充実に向けて、画期的な出来事であった。

大学院での学びと出会い

しかしながら、司書教諭も学校司書も一人職で、しかも初めての職でもあったため、小学校等の普通学校に準じて自分たちなりに実践を行おうとしたが、「本当にこれでいいのだろうか。」という戸惑いが絶えずあり、「他の知的障害特別支援学校ではどうしているのだろうか。」という思いが募っていった。

そして、二〇〇六年四月、知的障害特別支援学校の図書館について学びたいと思い、鳥取大学大学院への入学を決意した。そこで出会ったのが、専修大学の野口武悟氏である。野口氏の全国調査によると、知的障害特別支援学校の中には図書館がない学校もあり、施設・設備や人的な配置の面でも全国的にその実態は非常に厳しい状況にあった。読書活動優秀実践校に選ばれた県外の知的障害特別支援学校では、学校図書館がないところから図書館を開館し、予算等の条件は悪くても何とか子どもたちのためにできる限りのことをしていこうと頑張っておられる司書教諭や学校図書館担当者の熱い思いを知った。また、鳥取県の特別支援学校の実態調査を実施し、県内の特別支援学校九校を全て訪問した。その中で、「小・中とは状況が違う。全国的にどうしていく傾向なのだろうか。」「知的障害特別支援学校における図書室の在り方、指針が知りたい。」というような意見が聞かれ、人的に恵まれている鳥取県においても、いや恵まれたからこそ、私と同じように戸惑う司書教諭や学校司書の姿が見られるとともに、図書館設備や蔵書冊数等の厳しい状況が浮き彫りになった。特に課題と思われたのは、情報交換や研修の場がないことであった。「人」に恵まれていても、それぞれの学校が孤立していては、特別支援学校図書館の発展は望めない。「知的障害特別支援学校の図書館の在り方が知りたい。」と思い、入学した大学院であったが、なかなかその答えは見つからず、それどころか、先進校はなく、自分の住む鳥取県の特別支援学校が全国的に見ても「人」の配置では恵まれていることを知った。そして、「人」の配置において恵まれている知的障害特別支援学校として何ができるのか、「自分にできることをしなければ、そして少しでも発信しなければ……。」そんな思いが込み上げてきたのである。

鳥取県立図書館の特別支援学校への支援

二〇〇六年、鳥取県立図書館が県内の特別支援学校の支援に乗り出した。そのきっかけは、私が特別支援学校の図書館の課題を、当時の白兎養護学校の校長に訴えたことに始まる。その状況を知った校長は、当時の鳥取県立図書館長に特別支援学校図書館への支援を依頼した。それから鳥取県立図書館は、平成

県立図書館による巡回相談

一八、一九年度の二年間にわたって合計四回、県内の特別支援学校の図書館担当者を対象に意見交換会を開催し、その話し合いをもとに支援を充実させていった。物流システムを活用した貸出、巡回相談の実施（年二回程度）、この分野の研修会の開催等である。その中心になって精力的に事業を展開してくださったのが、支援協力課長である小林隆志さんをはじめとした支援協力課の方々であった。県立図書館の特別支援学校への平成二一年度の貸出資料数は、実に平成一七年度の三〇倍を超えた。蔵書冊数が少なく、多様なニーズに到底対応できない実態がある特別支援学校にとって、県立図書館の支援はなくてはならないものになった。

司書教諭と学校司書との協働で学校図書館を創る

私は、前任校の白兎養護学校で平木展子さん、現在の鳥大附属特別支援学校で入川加代子さんという二人の熱心で実力のある学校司書と組んで、仕事をさせてもらった。いずれも特別支援学校の学校司書歴が十年、十九年の大ベテランである。知的障害といってもその読書の実態や楽しみ方は様々である。まだ言葉が未獲得で言葉のリズムや大好きな人の声を聞いて楽しむ子、文字は読めないが読み聞かせをしてもらうと楽しめる子、マルチメディアDAISY図書やDVD絵本、パネルシアター等を見て楽しむ子、活字のみの本でもわかりやすい内容なら楽しめる子等、多様であり、個の発達年齢や障害特性、興味・関心、さらには生活年齢にも配慮した五感に訴える様々な資料やサービスが必要である。彼女たちは、実際に公共図書館に足を運び、子どもたちの実態に応じた本、その子その子に合った本を探してきてくださる。子どもたちのリクエストにも必ず応えてくださり、そ

リニューアルして新しくなった
鳥取大学附属特別支援学校図書館

れが嬉しくて子どもたちはまた図書館にやってきた。こうして貸出冊数も増え、授業づくりのための先生方からのレファレンスも増えて、授業の中でも少しずつ学校図書館が活用されている。担任と兼務の司書教諭だけでは、到底ここまではできない。知的障害特別支援学校においても障害や発達年齢、生活年齢等に配慮すれば、普通教育における学校図書館教育と何ら変わりはない。むしろ、そこには、障害や発達年齢等に配慮した支援の必要性や専門性が要求され、そのサービスを展開する「人」の存在が普通学校以上に不可欠である。

点から線、そして面へ

平成二七年の夏、私は島根県の知的障害特別支援学校二校を学校訪問した。島根県は、平成二三年度から全ての特別支援学校に学校司書が配置になった。一つの学校は、今はないが、校舎の新築に伴って、二年後には素敵な図書館ができるそうだ。もう一校は、パソコンルームと兼用の小さな図書館であったが、玄関に、図書館を活用した授業で生徒たちが作った作品が飾られていた。いずれの学校にも「子どもたちに読書の楽しさを伝えたい。図書館を何とかしたい。」と頑張っておられる「人」がいた。さらに素晴らしいと思ったのは、特別支援学校の図書館担当者の会が定期的に開催されていることだ。そこではお互いの実践や課題を情報交換し、話が盛り上がってなかなか終わらないのだそうだ。島根県立図書館も特別支援学校の図書館支援に関わっている。「人」がいることで可能性は広がる。学校図書館に思いを持つ「人」が実践を共有し、少しずつ点から線へ、そして面へとネットワークが構築されることが、特別支援学校の図書館の充実にとって、今後ますます重要だと感じている。

参考文献
野口武悟編著『一人ひとりの読書を支える学校図書館』読書工房、二〇一〇年、七四～八五頁、一六〇～一六六頁

コラム

特別支援学級の図書館活用

島根県松江市立大庭小学校教諭　三谷 智恵子

特別支援学級では、よく「児童の学年、実態が様々なので一緒にやることが難しい。」といわれる。だからこそ、どうすればそれぞれの子どもが興味・関心をもち、力を伸ばしていけるのか、考えなければならない。

知的や自閉症・情緒障がい学級の子どもの読書の様子は様々である。一人で読める子もいるが、内容が読み取れない子、本そのものに集中できない子もいる。また、友だちと関わる中で（特に教師のいない所で）嫌なことや困ったことがあっても言葉にして伝えることが苦手な子どもたちである。そこで、語彙を増やし、自信を持ち、どんな場面でも誰にでも自分の思いを伝えることができるようになってほしいと考え、日々取り組んでいる。

私は日頃から「本を楽しむ子どもになってほしい。」と考えてはいたが、恥ずかしながら図書館といえば本を借りる程度の意識しかなく、個人の自由な利用に任せていた。しかし二〇〇七年、校内研究で図書館活用に取り組むことになったとき、支えてくれた司書教諭と学校司書によって、図書館に対する私の意識は変わっていった。担任として常に子どもたちに関わる私は、「月や星が好き」「青色が好き」など、子どもたち一人一人の興味関心は熟知している。しかし、それを資料に反映することができない。どんな本があるか知らないからだ。私が、使ってみたい本の情報を学校司書に伝えると、すぐに何冊か絵本を選び提示してくれた。さすが学校司書である。かゆい所に手が届くのである。私はそこから絵の大きさや話の展開など子どもの実態に合わせ一冊を選ぶのである。選んだ本の読み聞かせは集中して聞いた。次第にアニマシオンや、クイズを出し合ったりすることも取り入れてみた。すると子ども同士の関わりがみられるようになり、どんどん伸びていくのを実感したのである。

こうしてスタートした当初の『図書館の時間』。最初は義務感だけだったが、授業が終わるたびに子どもたちの活動の様子を振り返ったり次の授業の構想を練ったりするうちに、「なんだか図書館は面白い。」と私自身が思えるようになったのが不思議である。二年目は、『楽しんで読み聞かせを聞く子』『自分の言葉で表現しようとする子』を目指し、三年目には、子どもたちが興味を示していた外国のお話を取り上げた。司書教諭はグーグルアースを使って視覚的に、学校から外国への距離や方角を示し興味を引き付ける手法を取り入れた。するとお話のイメージはさらに膨らみ、「前に読んだ、〇〇の本と同じ絵（作者）みたいだね。」「この服は、前に読んだ〇〇の本にも出ていたよ。」と比べて発言するなど、読書量が増えている子どもたちの実態を垣間見ることができた。四年目になると学年の「おすすめ本五〇冊」を読みきったり、図鑑にしか興味を示さなかった子どもが、一三〇ページもある物語を読み出したりするなど、読書に対する意欲が増していた。五年目、子どもたちの中には、図書委員会に入ったり、「一番好きな場所は図書館」と答えたりするなど図書館を身近に感じ、親しみをもつようにもなっていた。まさに「継続は力なり」である。

また、「伝える力」を大いに伸ばしたのが、『図書館の時間』に取り組んだ「お話づくり」である。絵本の読み聞かせから始めた活動を自分でお話を作る活動へと進化させていった。友だち同士の関わりをポイントに全員でつないでお話をつくり、接続詞や話の切り出しのカード（「あるところに」「ある日」等）を使うことで、話に広がりができたり、思いがけない展開になったりした。最後の子どもが話し終わると、「おもしろーい。」「いい話になったね。」と感想が出てどの子も満足そうであった。みんなで一つのお話を作るという目標のため、友だちの話をよく聞き、助け合う心が自然にわきあがり、アドバイスしたり、受けたりするなどの関わりがみられたことは、大きな収穫だった。子どもたちは、「お話づくりは、みんなといっしょに協力するところがいいと思います。

困ったときこうしたらと言ってくれてうれしいです。わたしもそういうことを言って助けてあげたいです。」と感想を言っていた。子どもたちは自分ひとりで作っていく場合と違い、いろいろな考えを取り入れまとめていく面白さ、考え方を柔軟にしてつなげていく楽しさを感じることができたようである。

また、学習したことを形に残す方法として手作りの本『おはなしリレー』にまとめた。このことにより、自分たちの足跡をいつでも見返すことができるようになった。この本を図書館で貸し出すことによって、学習したことを全校に伝え、広げることができた。感想を聞くことで、伝えることの楽しさ、作り上げた満足感、充実感も得ることができたようである。この本をきっかけに新しい友だちとの交流が生まれることも期待した。

おはなしリレー

初めは、よくある教師主導の授業であった。しかし、授業中に見せる子どもたちの姿やつぶやきを拾っていき、それを授業に反映させていくうちに、いつのまにか、子どもたちが主体的に授業を創り上げていくようになったのである。担任の漠然とした思いを具現化してくれた司書教諭、学校司書なしでは、このような取組はできなかった。やったとしても長続きはしなかっただろう。それぞれの専門性を生かした準備やアドバイスは、子どもたちの学習意欲をさらに高めていった。こうしたチーム力を生かすことはどこの学校でもできると思う。図書館を活用して特別支援学級の教育の可能性を広げていってほしいと改めて感じているところである。

参考文献

門脇久美子ほか『学校図書館は何ができるのか？　その可能性に迫る』国土社、二〇一四年、五五〜七三頁

コラム

活字を追うことが難しい子どもに寄り添うメディア

元神奈川県横浜市立盲特別支援学校司書　石井 みどり

いつの頃だったろうか、日本図書館協会障害者サービス委員会の委員長、佐藤聖一氏から「私にとって、紙に印刷された本は、ただのつるつるの紙の束にすぎない。図書館の資料を、すべての利用者がアクセスできるようにするのが、私たち図書館員の役割なんだ」と言われた。このとき「読書の権利」は、憲法で保障されている情報を得る権利であり、読める資料を提供することが図書館員の義務であると教えられ、これを生涯の仕事と決めた。視覚障害特別支援学校の図書館では「見えない・見えにくい」だけでなく、多種多様な特性があり、出版物をそのままでは利用することが困難な幼児・児童生徒を受け入れている。地域のセンター校としての任も大きい。点字が読書の手段となる視覚障害者は、一割弱と言われている。また、弱視といっても、一人一人見え方が異なる。活字を追うことが難しい子どもたちにも資料を提供したい。個に寄り添った媒体の変換が必要である。

①　手で読む絵本（さわる絵本）

点訳と同時に、絵の中から中心となる事物を取り出して、布などで情景を再現した手作り絵本である。

②　点訳絵本・『てんじつきさわるえほん』

点字と絵を、透明のシートに書き、原本に張り付けた絵本である。近年、点字と絵が樹脂インクで印刷されている『てんじつきさわるえほん』が出版された。

③　点図絵本

点図ソフトを利用し、映像を、大・中・小の点の連続で図を描く。

④　デイジー図書（録音図書）

階層による編集により、読み方の変更が可能であり、ページ・しおり付け、速度の変更も可能である。点字図書同様、サピエ図書館にデータが集約され、登録によりダウンロードできる。

⑤　拡大図書

文字の大きさ、フォント、行間等を要望に合わせて印刷する。色の見え方によっては、文字を抜き出したり、輪郭をトレースしたり、白抜きにすることが必要。

⑥　電子図書・タブレット端末の活用

マルチメディアデイジーは、「テキストの朗読している分が色が変わる、文字の大きさ、縦横の変更、文字色、背景色、朗読の速度、音量を変更できる。編集ソフトにより、朗読者の入れ替えが可能。」な電子書籍である。タブレット端末の登場により、限りない可能性が期待される。

⑦　易しく書き換える

本来は、特定の読者のために読みやすいように書き換えるべきであるが難しい言い回しをしない。文章は短く、一つの事柄。難しい単語は使わない。主語が明確であること。映像の中から、必要な情報だけを取り出す等の留意により、例えば、教室で、全員が、同じ課題に取り組むことが可能となる。

点字付き絵本では、子どもたちは、手を包み込んでもらって、絵本を読んでもらい、充分な説明を受ける中で、手で触って情報を得る力が育まれる。周りの大人たち、あるいは兄弟・姉妹も一緒に楽しむことができる。自分の思いを、時間空間をこえて伝えていく言葉を育てる。それは日常会話からだけでは生まれない。日本人として、自己の確立に向けて力となる図書館でありたい。

コラム

届けてほしいのは、「本」だけじゃない

調布デイジー代表　牧野　綾

皆さんはディスレクシアという言葉をご存じだろうか。

私は娘の読み書きに違和感を覚えるまで、「ディスレクシア」という言葉にふれたことがなかったので、娘がそうだと気付くのにずいぶん時間がかかってしまった。

気付くきっかけとなったのは宿題だった。教科書をうまく読むことができない、字を上手に書くことができない。このことから教育相談所に相談に行き、ディスレクシアかもしれないと気付いたのだが、その言葉を教えてもらったのは検査を受けた教育相談所ではなかった。

私にディスレクシアのことを教えてくれたのはパソコンだった。「字が読めない／障害」と二つの単語で検索したら「ディスレクシア」という単語が出てきたのだ。調べていくうちに、娘のようなディスレクシアの子は、だいたいクラスに一人はいることがわかった。事例が少ないから「ディスレクシア」という単語になかなかたどり着けなかったのではなく、日本で明確に診断してくれるところが少ないことと、「誰にも知られたくない恥ずかしいこと」であるがゆえに表面化していない子供たちもたくさんいるのだろうということもわかってきた。

ディスレクシアの子は、字がうまく読めない、書けないことで、学校生活において他の子よりたくさん注意されている。その子にとって学校図書館という場所はどんなところだろう。その子の目に司書はどう映るだろう。「図書館にいるこの先生は、字が読めないことを怒るのではないだろうか。」

また、司書から見たその子はどうだろう。

「いつも図鑑ばかり借りていって、あまり長編のお話を借りていくことはないけど、本が嫌いなのかな」

「もっと年齢にあった本を読んでほしい」


そう見えてはいないだろうか。わざと「読んでいない」、ちゃんと「読めない」のではない。ディスレクシアの子は、「読みたくても読めない」のだ。まずは学校にいる大人たちがそれを知るところから、支援は始まっていくのだと思う。私は、「合理的配慮」とは、「みんなと同じスタートラインに立てること」だと思っている。目が悪かったら自分の視力にあったメガネをかける。それと同じように、どの子どもにとっても使いやすい図書館を目指して環境を整備することができれば、結果的に「合理的配慮」が行き届いている図書館にできるのではないだろうか。親として学校図書館に望む図書館の形は、「その子に合った読書を提供する図書館」だ。次のような支援が学校図書館でうけられると、親としてはとてもありがたい。

(1) 読書補助具を誰にでも使えるところに置いておく

読書を補助してくれるツールがあるだけで、字を読むことのみに集中していた読書が内容理解の読書へと変わる子もいる。（写真は学校図書館問題研究会第三一回全国大会２０１５で先行販売されたキハラ㈱のもの。第一七回図書総合展から発売予定。）

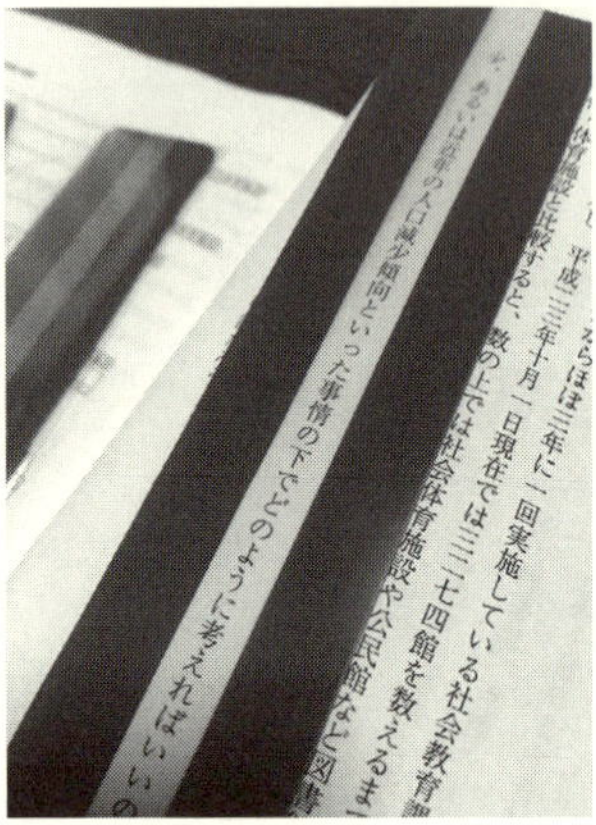

リーディングトラッカー

(2) デジタル図書を読める環境を作る

例えばマルチメディアＤＡＩＳＹなどのデジタル図書の用意。紙の本での読書が難しい子でも、文章と絵、音による情報が一度に入ってくることで、内容理解することができる。音声のみの録音図書も読書を楽しむのにとても良いツール。

（3）ピクトグラムを使って分かりやすく

ディスレクシアの子どもにとって目的の本までたどり着くのは一苦労。できれば自分で探すことができるよう、書架の案内を文字だけではなく、ピクトグラムを使って視覚的に理解しやすくしてほしいと思う。

（4）大活字の本を置く

フォントが大きいだけで読める子もいるので、大活字の本も有効なツール。「特別な支援が必要な子向け」という体裁だと手にとりにくい。「誰が読んでもいい」という形で置いてほしい。通常版と大活字版、両方を比べて展示し、紹介するのもいいかもしれない。

（5）読み聞かせ

これはディスレクシアの子に限ったことではないが、読み聞かせはどの子にとっても読書に関心が持てるきっかけになる。ディスレクシアには色々なタイプがあるが、文字を正確に早く読むのが難しく、聴覚からの情報処理には問題がない子が多いので、読んでくれれば内容は理解できる。字を読むことではなく、内容に集中して読書することができることと、ほかの子供と同じ方法で読書本を楽しむこともできて、なおかつ、司書さんとも仲良くなるきっかけになるのではないだろうか。

自分自身で気付いていない子もいるかもしれない。できれば授業の一環として、ディスレクシアを含む発達障害について学習する時間をとってほしい。学校図書館は、理解してくれる人がいる、その安心感を得られる場所に、そして本の専門家がいて自分の知りたいことが書いてある本を教えてくれる、そんな場所にしてほしい。

第6章　学校図書館をつなぐ～連携・協力・協働・支援～

1 学校司書がいたからできた連携
～小郡市での成果と課題～

福岡県小郡市立図書館長　永利　和則

はじめに

小郡市は、福岡県の南西部筑後平野の北端に位置し、人口五万九二五七人（二〇一五年四月現在）、面積四五、五一㎢の緑豊かな田園都市である。

小郡市立図書館は一九八七年一一月に開館し、二八年目。蔵書冊数二二万七〇八〇冊、貸出冊数三八万九一四三冊（市民一人当たり六五七冊）、図書購入費一万六二〇〇円、職員数一六人（うち、司書有資格者一四人）である。運営方針に「ひらかれた図書館・親しみやすく、入りやすく、いこいとやすらぎのある図書館」を掲げ、社会教育施設として「すべての市民のニーズ」に、教育委員会の機関として「すべての学校のニーズ」に応えるサービスを展開している。具体的には、「学校図書館との連携」、「ブックスタート」、「家読の推進」、

「図書館海援隊」、「宅配サービス」、「移動図書館車での病院・小学校等の巡回」、「三市一町（久留米・鳥栖・小郡・基山）図書館協力事業」などがある。また、指定管理者制度から直営に戻った図書館として、全国的に知られていて、視察も数多く受け入れている。

一方、小学校八校、中学校五校の全学校に学校司書が配置（全員司書有資格者で常勤嘱託職員）され、小学校七校、中学校四校に司書教諭がいる。平成二七年度の児童生徒数は五四三一人、二〇〇学級。蔵書総数は一三万八七七九冊で、図書購入費は一〇〇一万円である。

学校司書がいたことから始まった支援と連携

小郡市の学校図書館への支援と連携は、開館当時の市立図書館の奉仕係長白根一夫氏（福岡女子短期大学教授）の発案で始まった。このことは、図書館法第三条の図書館奉仕に「学校教育を援助し」とあることと、当時小学校四校（小規模の二校は除く）、中学校四校に学校司書が正規職員（ほとんどが司書有資格者）で配置されて、学校図書館の人的体制が整っていたことによる。市立図書館側は、学校への団体貸出専用図書（児童生徒、教師向け）を用意し、図書館職員が学校を巡回して利用の呼びかけを試みたものの、学校側に、図書館の利用を受けようとする意識がなかったために相互の意思疎通がないまま、結果的に棚上げ状態になってしまった。

電算と物流のネットワークシステム

平成一一年度には教務課の主導で学校図書館の蔵書の電算ネットワークの協議が開始。平成一二年度には文部科学省の学校図書館資源共有型モデル地域事業により、小学校八校、中学校五校、県立高校二校、私立専門学校一校の学校図書館を教育センターに置いたサーバーで一括管理するようにした。

平成二二年度には市立図書館と学校図書館の電算システムの統合が実現し、ひとつのサーバーで利用者と書誌のデータを一括管理している。平成二七年度はその電算ネットワークシステムの更新作業を進めている。

物流システムでは、平成一四年度から、学校、市立図書館と教務課を週二回（年間約八〇回）巡回するメール便をシルバー人材センターに委託して運行。平成二六年度では一万四七九三冊（うち学校間で三〇三九冊の図書）が流通した。なお、平成二四年度から、小郡市埋蔵文化財調査センターの実物資料もメール便に追加した。

学校図書館支援センターによる支援とその課題

平成一八年度から、文部科学省の学校図書館支援センター推進事業の指定を受け、市立図書館に小郡市学校図書館支援センター（以下「支援センター」という。）を設置し、現在は市費で運営している。担当課は教務課で、指導主事の下、配置された学校図書館支援スタッフ二名が、学校図書館の運営及び環境整備向上の支援、学校の要請に応じた資料提供及び物流の管理、学校図書館関係者合同会議の開催などの業務を行っている。

市立図書館内に支援センターを設置したのは、市立図書館がメール便運行時の物流の拠点であることが最大の理由であり、そのことが、メール便で流通する図書の数を毎年増やし、市立図書館と学校図書館と関係をより一層密接にしていると思われる。しかし、さらなる利用の活発化のためには、学校図書館や図書資料を使った授業の活用実践事例の紹介や司書教諭・学校司書・教職員等の意識改革に結びつくような研修を支援センターが実施していく体制作りが求められている。

市立図書館による支援とその課題

市立図書館は支援センター設置後も学校図書館担当職員を引き続き一名配置し、学校の支援業務を行っている。

具体的には、移動図書館車の小学校への運行、読み聞かせボランティアの研修、中学生の職場体験及び教職員社会体験研修の受入などで、市立図書館見学、物流ネットワークの運営管理、学校・教務課・市立図書館合同会議、学校図書館・市立図書館合同視察などは市立図書館と支援センターの協働運営で行っている。

支援センターの設置は、市立図書館だけで学校図書館の支援を行っていた時代よりも、その支援の枠が拡大するとともに、教務課が参画することで、教育委員会として一体的な取組ができる効果もあった。しかしながら、市立図書館が学校図書館の支援を積極的に行えば行うほど、「学校図書館の業務内容は、図書館という名前から市立図書館の方がふさわしい」という意識が教務課の職員から拭い去られていないという課題もある。

学校への団体貸出の利用と図書の確保

平成一四年度から開始したメール便による学校への団体貸出は、毎年右肩上がりで増加していったのに伴い、再度、団体貸出専用図書の準備を始めた。現在は市立図書館の蔵書のうち、七六五一冊を支援センターが団体貸出専用図書として管理している。具体的な内容は、住民生活に光をそそぐ交付金で買った小学校と中学校の教科書に出てくる本のセット、ダウ・ケミカル日本から寄贈でいただいた科学系の図書、調べ学習用のセット本などである。平成二七年度、小学校の教科書が改訂されたのに伴い、教務課は教科書に出てくる本を購入するために各小学校の学校図書館備品購入費を一律二〇万円増加した。しかし、二〇万円では教科書に出てくる本の一部しか購入できないので、市立図書館の予算で支援センターに教科書に出てくる本を一セット準備しなければならない状況ではあった。本来、授業に使う図書は学校図書館で保有するのが原則であり、その意味では学校図書館の予算を増やすことは意義深いことではあるが、現実には市立図書館が補完措置を求められている。だからといって、市立図書館に学校への団体貸出専用図書を増やしていくことは、市立図書館の蔵書構成のアンバランスや収蔵スペースの圧迫をもたらし、適切な対応とはいえないと思われる。

おわりに

市立図書館と学校図書館との連携・協力や市立図書館の学校支援は、「第三次子どもの読書活動の推進に関する基本的な計画」や「これからの図書館像－地域を支える情報拠点をめざして－（報告）」にも明記されていて、各自治体の図書館では古くて新しい行政課題となっている。また、親の経済格差が子どもたちの学力の格差として表れている現在では、図書館は憲法二六条の「教育の機会均等」を保障する行政機関として地域の読書環境を整備し、社会教育機関の役割を果たしながら、自治体内での知のセーフティーネットとして、社会全体を支えていく必要があると感じている。

参考文献

永利和則「公共図書館の現場から－公共図書館における学校教育支援と協働－」『図書館雑誌』二〇一〇年三月号、一三七～一三九頁
永利和則「指定管理者から直営へ移行した図書館長の図書館運営私論－小郡市立図書館の事例から－」『図書館雑誌』二〇一一年七月号、三四～三七頁
永利和則「体験から語る指定管理者制度のあり様と課題」『出版ニュース』二〇一四年四月中旬号、一三～一五頁
文部科学省「学校図書館支援センター推進事業」http://www.mext.go.jp/a_menu/hyouka/kekka/05090202/015.pdf#search（参照 2015-07-30）
文部科学省「第三次子どもの読書活動の推進に関する基本的な計画」http://www.mext.go.jp/b_menu/houdou/25/05/_icsFiles/afieldfile/2013/05/17/1335078_01.pdf（参照 2015-07-30）
文部科学省「これからの図書館像 － 地域を支える情報拠点をめざして －（報告）」http://warp.ndl.go.jp/info:ndljp/pid/286794/www.mext.go.jp/b_menu/houdou/18/04/06032701.htm（参照 2015-07-30）

2 「結び目」を形成する市川市学校図書館支援センター

千葉県市川市教育委員会教育センター指導主事　富永 香羊子

教育課程の展開に寄与する市川市の学校図書館

市内のある小学校の図書館で、一年生の担任と学校司書が交互にブックトークを行っている。そこへ、五年生の男の子が一人でやって来て小さな声で「○○の本ありますか?」と学校司書に尋ねている。「この本は、どう?」と学校司書は、その子に素早く数冊の図書を手渡す。本市では、担任の裁量（学校ごとのルール設定は必須）で、学習中に子どもが学校図書館に行き、必要な図書をリアルタイムで探すことができる。一年生は、このやり取りに気を取られる様子もなく、担任のブックトークに耳を傾けている。市内の学校図書館（全五六館）で日々繰り返されている何気ない日常の一コマである。本市は、図書の持つ力にいち早く注目し、一九六〇年代から文部省（文部科学省）の研究指定校として教育課程の中で図書を活用した授業を積極的に実践してきた。

本市と図書に纏わる歴史は、江戸時代にも記録が残っている。当時、砂地に合う作物はないかと悩んでいた川上善六という人物は、一冊の古書と出会い、寝食を忘れて研究に没頭し、美濃（岐阜県）地方の梨栽培にたどり着き、その生産方法を仲間に広めたのだそうである。これは、現在の課題解決学習（アクティブ・ラーニング）につながるものではないだろうか。川上氏の功績は、現在も葛飾八幡宮境内の参道脇にある旧市立図書館前の記念碑と、小学校三年生が活用する社会科の副読本『わたしたちの市川』の中で「市川の梨」の誕生の歴史として、子どもたちが学び続けている。

また、本市は「図書館に人がいないと書庫と同じ」と語った当時の山口重直教育長を中心とした教育委員会の施策により人材にも着目した。一九七九年から市独自の予算で学校司書の配置を進め、一九九二年に完遂している。さらに、司書教諭においても学級数に関わらず、一九九八年から五年間で全校に配置している。これらの措置によって「いつでも、自由に使える学校図書館」が構築されたのである。学校図書館が、教育課程の展開に寄与する場所であるためには「いつでも開館していること」と、そこに「人がいること」が重要である。

学校図書館＋公共図書館＝蔵書数一五〇万冊の一つの大きな図書館

本市の学校図書館は、文部科学省の示す学校図書館図書標準を満たしており、自校の蔵書だけでも学習に必要な環境を整えている。しかし、市独自の予算を使って学校図書館相互および公共図書館との間で、図書の貸借を行っている。以前、ある新聞社から「自校に多くの図書を保有しているのに、なぜ他から図書を借りる必要があるのか。」という質問を受けたことがある。その答えは「より良い授業実践を展開するため」である。アクティブ・ラーニングとよばれる能動的な学習活動の中で、子どもたちは生きる力を育むために、自ら課題を見つけ、正しい情報を収集し、自分の考えをまとめて発信するという学習過程を学ぶ。さりとて、これらの活動は子どもにとって容易なものではない。そこで、学校図書館の図書と学校司書の存在が、子どもたちの学びを支える重要な役割を担うのである。各学校の教育課程を踏まえ、子どもの発達段階に合わせて選書された学校図書館の図書は、その全てが有効な教材であるが、学校予算や配架スペースは限られており、高額な図書や多数の複本を保有することは難しいため、図書の相互貸借が必要になるのである。公共図書館には、一般貸出用の図書とは別に学校図書館貸出専用の図書が約八千冊あり、学校図書館を強力に支えている。市内の公立幼稚園・小学校・中学校・特別支援学校と公共図書館は、メーリングリストでつながり、一通のメールで全館に図書を依頼することができる。

依頼された図書は、週二回トラック二台が市内を巡回して、すぐに子どもたちに届けられるシステムとなっている。全校の学校司書と公共図書館司書が選書した図書を授業で活用することによって、多くの情報を得ることが可能となり、その結果、より効果的な授業実践が展開され、子どもたちの学びを深めることができるのである。

本市では、全ての学校図書館と公共図書館を結び、一五〇万冊の蔵書を持つ一つの大きな図書館として捉え、学校図書館を活用する全ての学習活動を、全ての学校司書と公共図書館司書とで支えているのである。

研修と修養

学習のねらいに沿って学校図書館を有効に活用する授業は、誰にでもすぐに実践できるものではない。教育委員会は、教職員の資質向上を担う立場にある。学校図書館の有効な活用を通して授業力の向上を図るためには、司書教諭や学校司書だけでなく一般教諭に対しても学校図書館活用を加味した研修を行う必要がある。

司書教諭に対しては、学校全体の教育課程を見据えた「学校図書館全体計画」の立案や「学校図書館年間利用計画」（全校分を一覧にして教育委員会教育センターホームページに掲載）の作成および、授業と学校司書をつなぐ学校図書館経営の基本について研修を行う。学校司書に対しては、教育課程の展開に沿ったレファレンスや選書・蔵書構成など学校図書館運営に関する実践的な研修を行う。司書教諭と学校司書は個別の研修のほかに合同研修を行い、相互に理解を深め協働して学校図書館活用を推進することを目指す。一般教諭は、主に経験年数一～三年の初若年層教諭に対して、学校図書館活用の意義や授業実践に関する研修を行う。

研修は受講するだけでは、その意味をなさない。各自が受講内容を十分に理解し、修養を重ねることが肝要である。研修を実りある物にするためには、管理職の理解と協力が不可欠である。校長や教頭、教務主任に対して、定期的に学校図書館活用に関わる説明を行い、校内での教職員への支援体制を整えることで、研修の真の成果が発揮され、子どもたちの学びが深まり、学習の質が向上していくのである。

進化する「学校図書館支援センター」

本市では「生きる力・夢や希望を育む学校図書館」を目指す学校図書館像として掲げ、教育委員会が所管する「学校図書館支援センター」が中心となって、公共図書館や関係機関と連携し、学校図書館に必要な支援を行ってきた。常に連絡を取り合う体制を整えるだけでなく、各機関が企画する様々なイベントに子どもたちの参加を促し、双方向の協力体制を整えることでより良い信頼関係を形成している。学校図書館に関する様々な授業やイベントの様子は、教育委員会教育センターから毎月発行する「学校図書館支援センター通信」で紹介し、ホームページに掲載して常に情報共有が図れるように配慮している。このように「学校図書館支援センター」が一括して調整等を行うことで、関係機関との連携がスムーズになり、学校に対して最大限の支援が可能となるのである。

「学校図書館支援センター」は、本市の目指す「生涯にわたって学び続ける市民の育成」を実現させるために、様々な関係機関を結びつけ、その「結び目」となって、子どもたちにより良い学習環境を提供し続けることが大切であると考える。「結び目」が、緩まないように関係機関との連絡を密にし、時代の変化に対応しながら常に最適な支援とは何かを模索することで、より強く深い支援体制が維持されていくのである。

市川市教育委員会における「学校図書館支援センター」は、様々な学校図書館支援を通して教職員の資質および授業力の向上を図り、今までもそしてこれからも、全ての子どもたちの学びを支える、強くて常に新しい「結び目」を形成しながら進化し続けていく。

市川市立公共図書館と学校とを結ぶネットワーク

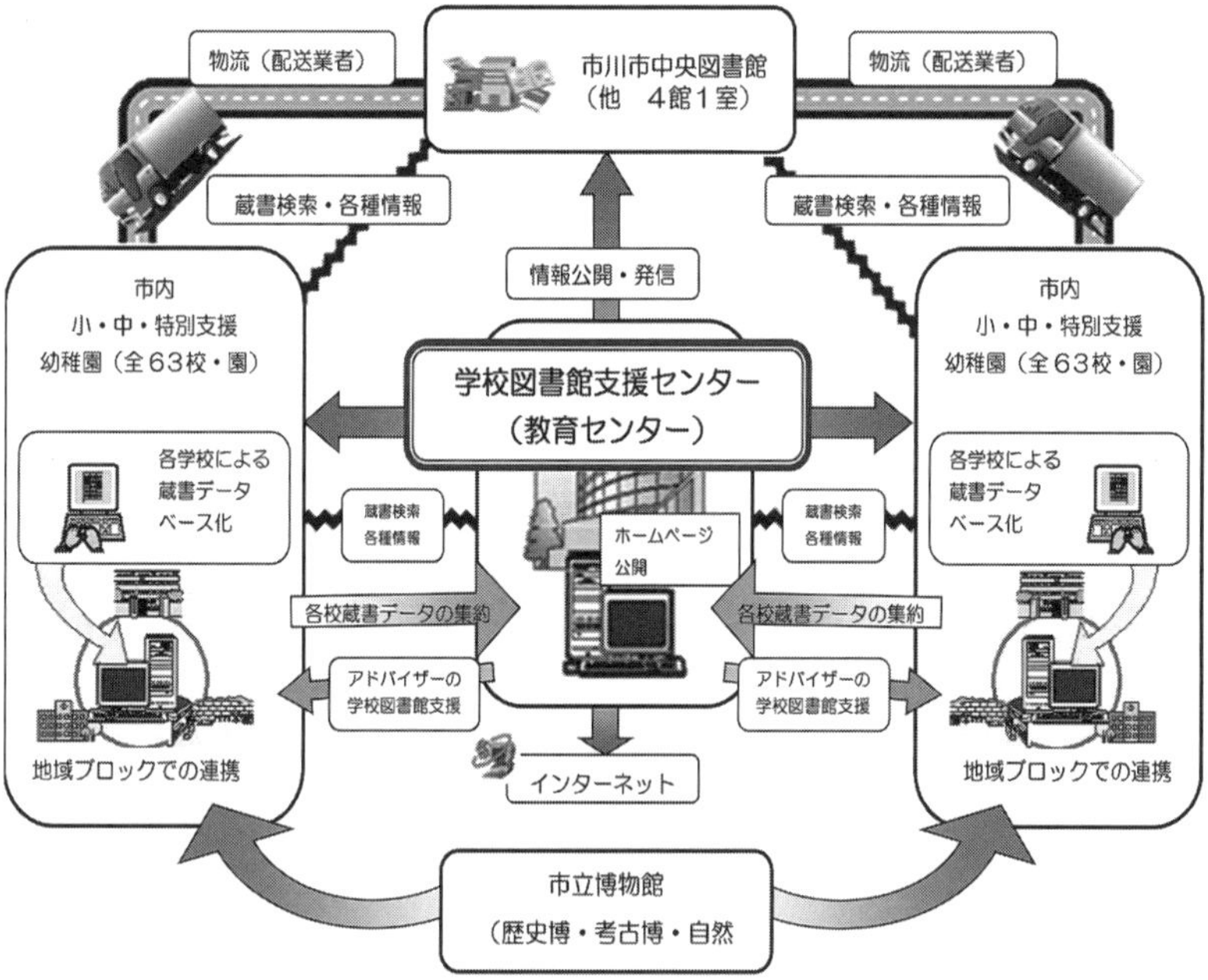

開かれた図書館　～市全体で一つの大きな図書館に～

※ 市川市教育センター HP 参照　　http://www.ichikawa-school.ed.jp/network/top.htm

コラム

国立国会図書館の学校との連携・協力～国際子ども図書館～

国立国会図書館国際子ども図書館 児童サービス課　高宮 光江

「では皆さん、この扉の向こうには何があると思いますか。」

ここは、国立国会図書館国際子ども図書館。レンガ棟三階ミュージアムにある扉の前。見学で生徒に問いかけると、いろんな答えが返ってくる。その扉の向こうは、帝国図書館時代からある書庫、つまり多様な世界が蓄積された壮大な記憶空間へと通じている。

国立国会図書館は一九四八年に誕生した立法府に属する図書館である。国立国会図書館法に規定された納本制度によって国内の出版物が納められ、購入や寄贈、交換などによって外国の出版物を集めている。これらを未来に伝え残すことは、当館の重要な役割のひとつである。

その児童書だけを集め、二〇〇〇年に上野公園に、唯一の国立の児童書専門図書館として、国際子ども図書館が生まれた。

開館後二〇〇二年から、学校向けに始めたサービスが「学校図書館セット貸出し」である。世界を知るための幅広いジャンルの本を、外国の絵本も含めてぎっしり青い箱に詰め込んで、全国各地の学校へ届け続けている。学期ごとに利用校を募集し、毎年二五〇もの学校で活用されている。本の紹介文を書いた手紙を次の利用校に送る「読書郵便」の取組も好評である。

開館して一〇年経ち、中高生向けサービスに対する取組が始まった。「学校図書館との連携による学習支援プロジェクト」（平成二一～二三年度）では、学校の授業で使うためのブックリストを作成した。先生の授業目的や児童生徒の利用の仕方によって必要とする資料が異なるというニーズの多様性から、学校教育の現場と公共図書館の児童サービスとの選書に対する考え方の差を実感した。

次の「中高生向け調べものの部屋の準備調査プロジェクト」（平成二四～二五年度）では、先進的な取組をしている学校図書館の所蔵とコレクション形成過程を調査した。学校によって蔵書構成は大きく異なり、学校の教育方針や予算の下で、先生や児童生徒の利活用に合わせたコレクション形成をしていることが明らかになった。

国立国会図書館では、国内の図書館のレファレンス事例を集積し図書館の活動を支援する「レファレンス協同データベース事業」を行っており、学校図書館や学校図書館研究団体の参加を呼び掛けている。

さらに、国立国会図書館には、「デジタルコレクション」「電子展示会」などウェブを通じて利用できる膨大な情報がある。電子展示会「中高生のための幕末・明治の日本の歴史事典」では学校の先生に協力いただき、中高生が直接史料に出会うコンテンツを作成した。

二〇一六年二月にレンガ棟二階「中高生向けの調べものの部屋」が開室する。

なぜ国際子ども図書館に「中高生向けの調べものの部屋」を作るのか、と問われる。中高生向けの出版物は少ない。「中高生が読みたいもの」と「中高生に読ませたいもの」との差が出るのが現状だ。その制約の中、中高生が良く調べるテーマや興味関心を持つ分野を軸に、ＮＤＣでは〇類から八類にあたる知識の本を中心に資料約一万冊を開架する。上野公園へ校外学習や修学旅行で訪れる中高生に、調べものを体験してもらうプログラムも実施する。幅広い知と出会うことをきっかけに、未来につながる知の扉を開いてもらいたい。

コラム

事例から学ぶ学校図書館活用

～参加に意義あり！　見るより踊れ！～

東京学芸大学附属小金井小学校司書　中山 美由紀

そもそもの発端は、二〇〇九年二月、本校の司書教諭が見せてくれた文部科学省の委託事業の案内だった。三つあるテーマの中で、国立大学法人として当時の状況でできるのはこれしかなかった。「学校図書館の教員サポート機能強化の研究」。東京学芸大学の附属学校の図書館振興を目的として二〇〇七年に発足した学校図書館運営専門委員会も、ちょうど核になる活動が必要な時期になっていた。委員は一三ある附属学校園（現在は一二校園）と附属学校運営部と附属図書館からなる。いかに東京学芸大学のチームとして具現化するか、当時の委員長であった平井文香附属学校運営参事から起案の依頼を受けた。そこで長谷川優子氏（現在、埼玉県立久喜図書館）に相談したところ「教員養成大学の附属学校という特色を生かして、〈学習指導案ごと公開する学校図書館の授業に対するレファレンス〉を公開していかないか。」と、助言をいただいた。さらに、日本図書館協会のつてで、附属図書館の当時の情報基盤課長、大森輝久氏を紹介してくださった。「学校図書館が教員養成大学の図書館の鍵を握る」とする大森課長がいらっしゃらなければ、このデータベースは誕生できなかったかもしれない。遡れば、二〇〇八年八月刊行の『先生と司書が選んだ調べるための本―小学校社会科で活用できる学校図書館コレクション』（鎌田和宏・中山美由紀編著　少年写真新聞社）において、一七人の合同作業から〈教材の発掘〉という授業者視点を学んだこと、二〇〇九年一月の全国学校図書館協議会の北米ツアーにおいて、インターネット時代のウェブ発信の重要性が見えたことの二点からも、大きな影響を受けている。

二〇〇九年一二月一六日、「先生のための授業に役立つ学校図書館活用データベース」が公開された。授業者が学校図書館に寄せたレファレンスやその他の依頼とその対応事例を基本のコンテンツとしてQ&Aの形で示し、提供された資料の紹介とブックリストに、学習指導案をつける。特色のあった三つの資料をピックアップして紹介し、授業者と学校図書館員の振り返りコメントを載せている。幼稚園から高校までの各校種、各教科の事例が二四二事例（参照 2015-9-28）ある。その他に、「今月の学校図書館」や「学校図書館の日常（トピック、よみきかせ、ブックトーク、おすすめの本、展示、レファレンス）」は定期更新をし、機会があれば「授業と学校図書館」のインタビュー記事や「読書・情報リテラシー教育」の実践記事、「GAKUMOのひみつ」（工作などのちょっとした工夫のスキル）を紹介する。また、資料リストをまとめた「ブックリスト」、会議で出す年間計画や授業・図書館で使う資料集「資料アラカルト」もある。アクセスは東京学芸大学のトップページの下に案内があり、検索エンジンに「先生のための」や「学校図書館」とキーワードを入れれば、上位にヒットする。SNSや月に一回のメールマガジンで発信をしている。

さて、ウェブの世界では、ナンバーワンという存在しか残らない。せいぜいナンバーツーまでと言われる。本来なら我々も授業のみに特化していくべきところなのだが、結果的にオールラウンドのポータルサイトになった。しかし、だからこそ、学校図書館を始めたばかりの人もベテランも、参加が可能なサイトとなっている。見て、刺激を受けて、実践をして、そして自らの現在を発信できる〈みんなの広場〉。ここを利用者として最大限に生かして、参加されたい。はじめは本学の附属学校園のみだった事例・記事も、今は北海道から沖縄までの様々な学校図書館事例や記事を載せている。もちろん、本学の卒業生の活躍もある。常勤、非常勤は問わない。事例や記事を書くことで、自らの実践を振り返る。研修にもつかえる。実績にもなる。大学の講義でも現場情報として役立ててもらっている。図書館は利用者が育てるが、このサイトもまた閲覧者が育てるのである。

第Ⅲ部

第Ⅲ部へのまえがき

第Ⅲ部では、公共図書館による学校図書館支援について、先進的あるいはユニークな事例を取り上げたい。となると、真っ先に取り上げねばならないのは、鳥取県立図書館である。第Ⅱ部第6章に登場した小郡市立図書館と同じく、図書館海援隊発足時から参加しており、課題解決支援サービスでは国内屈指の充実ぶりである。学校図書館支援についても、県内の市町村図書館、大学図書館、県の公共施設等に対する支援サービスの一環として、高等学校図書館、特別支援学校図書館に対する資料提供サービスを行っている。県内の小中学校も、市町村図書館を通じて資料提供を受けることができる。

驚くのは午前一一時までにリクエストのあった資料については当日宅配便で発送するのを原則としていること。また、学校などでまとまった量の資料が必要な場合は、委託業者による資料搬送車が配達、回収を行ってくれることである。この資料搬送車は支援対象の施設を毎月二、三回巡回することとなっており、コースと巡回日、時刻表まで決められているのである。

また、学校支援担当の司書（学校図書館支援員）が二名配置されているだけでなく、一名は教育委員会小中学校課の指導主事、もう一名は同じく高等学校課の指導主事を兼ねている。こうすることで、県内の学校教育行政と図書館の業務とが緊密な連携を取って進められるようになっている。

このような先駆的取組の蓄積を経て、今年四月には、私が知る限り都道府県立図書館として全国初の学校図書館支援センターを開設した。先に紹介した二名の学校図書館支援員と郷土資料や障がい者サービス等に詳しい専門性の高い「司書」等を構成員とした館内チームを結成し、市町村教育委員会や市町村図書館等と連携して研修支援・訪問相談や資料提供・情報提供を行うほか、現在「とっとり学校図書館活用教育ビジョン」の策定、「とっとり学校図書館活用ハンドブック」の制作に取り組んでいる。

私の拙い筆力ではこれらのサービスの凄さをとても表現し尽くせないが、まずは鳥取県立図書館ウェブサイトの「学校・先生のためのお役立ちメニュー」(http://www.library.pref.tottori.jp/hp/menu000002400/hpg000002323.htm)を見るだけでも、その先進性と充実ぶりは十分ご理解いただけると思う。

さて、鳥取県立以外にも学校図書館支援に力を入れている公共図書館はたくさんある。しかも、それは都市部の大規模な都道府県立図書館だけではない。地方の県立図書館や市町村図書館でも、志と工夫次第で様々な支援を行うことができる。第Ⅱ部の学校における取組と合わせて参考にしていただければ幸いである。

神代　浩

島根県立図書館の学校図書館支援

島根県立図書館 資料情報課 郷土資料・調査係長　大野 浩

はじまり

平成二一年度にスタートした島根県（以下「本県」）の学校図書館振興策は、「学校図書館に人がいる」状況を作ることと「学校図書館活用教育」の推進を図ることを主眼としている。それまで三〇％に満たなかった本県小中学校の学校図書館担当職員配置校の割合は、平成二一年度には約九七％となり、平成二五年度には一〇〇％となった。市町村が採用する学校司書等の人件費の一部を、県が財政支援する制度が後押ししており、県がこの人的支援を核として、普及啓発、環境整備など様々な面から学校図書館活用支援を続けている。

※ここで紹介した本県の学校図書館に関わる事業などについては、「島根県立図書館：子ども読書県しまね」のポータルサイト（http://www.library.pref.shimane.lg.jp/?page_id=490）を確認してほしい。

担当

島根県立図書館（以下「当館」）は、学校司書およびボランティア対象の研修を担当することになった。当館は図書館関係者対象研修を実施しており、県立高等学校と人事交流があることからも適任と認められた。一つの側面として、指定管理者制度導入に対しての危機感があったことを付記する。

平成二〇年度から、複数の職員が近隣の小中学校での学校司書業務を体験するなど準備を始めた。四月には、児童サービスも学校図書館も関わったことのない私が担当になった。祝日開館導入や、システム更新作業などが重なり、館全体が慌ただしい中、四月二一日には第一回の研修が迫っていた。

本事業を担当する県教育庁義務教育課M指導主事、生涯学習課M社会教育主事と私の三名は、四月以降ほぼ毎週連絡会を持った。また、島根県立大学短期大学部教授（現青山学院女子短期大学部教授）堀川照代氏を座長とする学校図書館教育支援会議が、ほぼ毎月開催された。私にとっては、研修時のアンケートなど学校図書館現場の生の声を届ける場となり、以降の事業展開に反映されたことがありがたかった。

目指す先の確認

平成二一年度の上半期は、考える余裕を持たないまま過ぎていった。堀川教授、M指導主事ら先導者がいなければ路頭に迷っていただろう。八月末までに四つの研修を計一二か所で開催したが、受講者の立場、習熟度、学校の理解、市町村の取組体制の違いに悩まされていた。

その秋の二つの出来事が、学校図書館のあるべき姿を確認するとともに、今後の研修計画を立てる上での指針となり、私を助けた。

九月に開催された「学校図書館活用教育フォーラム」で、溝口善兵衛島根県知事が、学校図書館支援を行うに至った経緯などを報告した。知事は「学校体制が十分ではなかったり、市町村によって取り組み方がまちまちであるが、学校図書館は子どもの健全育成にも、学校教育の面からも役立つことは間違いない。」と発言している。

一一月には山形県鶴岡市の朝暘第一小学校を訪問し、研究授業を視察するとともに、市図書館業務支援員の五十嵐絹子氏、八洲学園大学教授の高鷲忠美氏らとの懇談の機会を得た。朝暘第一小学校の学校図書館での図書貸出や授業の様子、先生方の発言から、読書習慣の確立が学習の基礎になり、図書館を活用した授業実践が確かな学力の向上につながっていると確信を持った。

二〇一〇年二月には「学校図書館活用教育研修会」を開催した。学校図書館活用教育の啓発と、理解者相互のつながりを求めて企画し、教職員や市町村教育委員会関係者も含め、一七〇名以上の参加者を集めた。この年、県教育委員会は学校図書館整備の様子を映像化したＤＶＤを作成し、県内小中学校と関係者に配付していたが、講師の高鷲氏はこのＤＶＤに登場していた校長を会場内で見つけ、休憩中に談笑されていた。

学校図書館活用教育図書の整備

平成二二年度、学校図書館の蔵書不足に対して策を講ずることになった。各小中学校が蔵書整備をすることも検討されたが、私は学校図書館活用教育図書と名付けた約二千冊の資料群を、各市町村へ寄託する方法を提案した。当館は従来から市町村図書館と密に連携しており、少ない職員で工夫しながら運営する図書館の現状を把握していたが、それを承知の上で学校図書館との距離を近づけるきっかけにしたかった。市町村図書館を会場に学校図書館活用教育図書利用の説明会を開催する自治体があったり、選書の参考にする学校図書館があったりと、狙いはほぼ達成できたのではないかと感じている。

「しまね学校図書館活用教育フォーラム」と「全国図書館大会」

平成二三年度と二四年度と続けて、図書館に関わる全国規模の大会が松江市を会場に開催された。「しまね学校図書館活用教育フォーラム」は県教育委員会が主催し、分科会、講演会、知事挨拶と児童生徒の意見発表、シンポジウムなどが行われ、これまで二年半の本県の取組と、これからの課題を話し合う場となった。私は教育行政・社会教育分科会で、当館の学校図書館支援について報告した。他県の教育行政関係者や議員の参加もあり、本県の学校図書館施策が注目されていることをあらためて実感することになった。「全国図書館大会」では、私は学校図書館分科会の企画・運営を担当した。基調講演は堀川教授とM指導主事にお願いしたが、本県施策の考え方や実際を牽引者のお二人から直接伺う貴重な機会であった。

高校図書館と特別支援学校図書館

以前から県立高校の約半数には、正規学校司書が配置されていたが、中小の高校には平成二四年度から嘱託学校司書が配置されることになった。特別支援学校の図書館にも担当者が配置されることになり、本県すべての公立学校図書館は「人のいる図書館」となった。整備前のこの時期に、私はいくつか特別支援学校図書館を訪れているが、昭和年代に出版された図書が書架の三分の二ほどを占めているのを見たことがある。その理由は容易に推測できたが寂しかった。司書が働くべき場所がまだいくつもあると感じた。

二〇一二年三月に、専修大学准教授（現教授）野口武悟氏の講演会を開催した。「一人ひとりの読書を支える」という視点を、図書館に関わる我々一人ひとりが持ち続けることの大切さを啓発したかった。ＤＡＩＳＹ図書や布の絵本、大活字本などを紹介する機会にもなった。

これから

県の財政支援制度は平成二六年度からも継続されることになった。市町村から強い要望があったと聞く。

私は五年間担当した学校図書館支援を離れたが、これからも司書として、島根県職員として、学校図書館に関わっていくつもりだ。子どもたちの読書環境、学習環境を維持していくのは大人の役目であることは間違いない。皆さんには継続してご協力いただきたい。

コラム

海士町立図書館は学校もまるごと図書館

島根県海士町立中央図書館 図書館主任　磯谷 奈緒子

海士町は島根県の沖合六〇㎞に位置する隠岐四島のうち、二番目に小さな人口約二三五〇名の島である。島民の四割が六五歳以上の少子高齢化が進む町であったが、平成の大合併のおり、財政難で存続の危機に追い込まれた海士町は生き残りをかけ、行財政改革・産業振興・人づくりに着手し、各分野で成果を挙げ全国から注目を浴びるまでになった。「島まるごと図書館構想」は再生に向けた人づくり推進の流れを受け、二〇〇七年に誕生した。この構想は島の保育園・小学校・中学校・高校、そして地区公民館や港など人が集まる既存の施設に図書ブランチを設置し、町内に図書スポットを点在させることで島全体を一つの図書館と見立てるものである。「予算も図書館もない中で読書環境をいかに整え、島じゅうの人に本を届けるか?」という課題に対し考案された、司書を核とした小さい町ならではの図書館運営システムといえる。

事業開始当初は、町の図書室のリニューアル作業や推進体制づくりを進めながら、学校図書館整備に重点を置くことになった。採用された二名の専任職員は、日替わりで保育園（一園）、小学校（二校）、中学校・高校（各一校）へ行き、図書館改造を手探りで進めた。突然始まった司書配置に戸惑う学校現場、管轄の異なる県立高校への異例の司書派遣、保育園から高校と幅広い校種を担当する難しさ、待っていたのは図書館とは呼びがたい書庫のような図書館ばかりと悩みは尽きなかった。各学校で図書館への要望を聞いたり説明する機会を設定したが手応えは得られず、学校と連携体制を結ぶには時間がかかりそうだと感じた。しかし地道に新しい本の購入や機能整備、楽しい図書環境づくりを進めるうちに子どもの利用が増え、やがて教員へも波及していった。授業等で図書館の利用を重ねることで教員の理解も少しずつ深まり、様々な場面で活用されるようになっていった。学校図書館運営の基盤となるのは学校図書館そして司書への信頼である。ニーズにひとつひとつ応えながら、併せて図書館に潜む可能性を提示できればと考えながら業務にあたった。

図書館活用を推進していくうえで留意したのが、活用のための活用でなく、図書館を無理なく利用する仕組みをつくることであった。図書館の日常的利用を目指すのだが無理は禁物であり、教員に負担をかけるものであってはならない。継続性が何より大切だと考え、図書の時間を新たに設けず、朝読書や補充学習の時間を活用して様々な活動を行った。その後、学習・読書それぞれバランスのとれた利用が進み、児童の読書量も以前と比較して一〇倍以上となった。

一方の課題として専任司書と同水準の専門性を保つのが難しいという点はあるが、兼務の利点がそれを上回っている。教員からは学校司書が町の図書館とつながっているので資料提供や連携がしやすいという意見が多い。また学校の要望や課題を察知し迅速に対応できるのも大きな利点である。

町の司書が学校と公共図書館を兼務する形態は現在も変わらず続いている。これは珍しい事例のようであるが、学校図書館が子どもたちにとって最も身近な図書館であるという事実からみても、学校図書館を児童・青少年サービスの拠点施設と位置付け整備するのは自然な流れのように思う。今後も学校と公共図書館を切り分けて考えるのでなく、町の全ての人へ図書館サービスを届けるため、学校と公共がどう役割分担するのが最善かを考え取り組んでいきたい。ハンデを多く抱えた小規模自治体であるが、小さい町だからこそできることも多いと感じている。これからも地域力・連携力で学校と公共図書館が一体となった図書館づくりを目指していきたい。

大分県初『学校図書館ハンドブック』誕生！

元大分県立図書館 企画・資料課 社会教育主事　縄田 早苗

はじめに

大分県立図書館（以下、県図書）では、二〇〇九年当時、教員出身の社会教育主事が毎年配置され、県民向け公開講座や県内公共図書館等の職員研修を担当していた。私は、二〇〇八年に小学校教員から社会教育主事になり、初めての勤務地が県図書であった。教員時代、「読み聞かせ」を学級経営の柱にし、授業には学校図書館を積極的に活用、学校司書にはいつも支えられてきた経験から、ぜひとも県図書で学校図書館や学校図書館司書を支援する仕事もしたいと思っていた。当時の県図書内には、同じ思いをもつ司書や職員がおり、普段から公共図書館の学校図書館支援について、また、子どもと本をつなぐ保護者や読み聞かせグループの支援の在り方等について語り合っていた。そのような中、県図書では新しい事業を構築することになった。日ごろから学校図書館支援（特に市町村立学校図書館支援）について語り合っていたこともあり、学校図書館を支援する事業案を組み立てるまでにはさほど時間はかからなかった。

当時、県内の市町村立学校では県立学校に比べ学校司書配置率が低く、例えば、図書館に職員がいないために休み時間は図書室に鍵がかけられていたり、蔵書が十分に整理されていなかったりすることがよく見られた。また、配置されている学校司書も非常勤職員が多く、その専門的スキルは不足しがちであった。直接的な学校図書館支援は、まずは市町村立図書館が担うところであるが、市町村立図書館と学校との連携は当時まだ十分とはいえず、多くの市町村立図書館は子どもの読書活動を推進していくにあたり、学校図書館との連携の重要性は感じていたものの、どのように連携すればよいかを模索している状況にあった。

そこで、学校図書館と県図書を知る社会教育主事として、公共図書館がこれまで蓄積してきた図書館運営の専門的スキルや児童サービスのスキルを活用し、抱える課題を解決しようとする学校図書館を支援し、県内の市町村立図書館と市町村立小・中学校図書館との連携・協力を密にしていくことを目的にした『学校図書館ハンドブック』（以下、ハンドブック）の作成を提案し、平成二一年度からハンドブック作成を含んだ「学校図書館支援事業」に取り組むことになった。

完成までの道のり

（1）『学校図書館ハンドブック』作成委員会

ハンドブックを作成するにあたり、学校図書館関係者や公共図書館関係者の意見を活かして作成していくため、学校図書館ハンドブック作成委員会（以下、委員会）を設置した。

委員メンバーには、県義務教育課指導主事・小学校教諭・中学校教諭はもちろん、学校司書・市町村立図書館司書にも就任をお願いし、スムーズなスタートを切ることができた。しかし、会議は順風満帆とはいかなかった。学校教育と社会教育の違いや公共図書館と学校図書館それぞれの役割の違いから、議論はぶつかり合った。委員が妥協せず議論を重ねていく中、事務局としては暗いトンネルを歩いているような感を味わっていた。作成期間が限られ、これらの意見や考えをまとめてゴールに本当にたどり着けるのだろうかという不安から、委員会内だけでなく、事務局内でも意見の対立が見られるようになった。専門性を大切にし、公共図書館司書としての誇りをもつ職員にとって、学校図書館は同じ〝図書館〟ではあるが、設置目的や利用者が違うため、自分たちのスキルが学校図書館に本当に役に立つのか、それは押しつけになってしまうのではないか、という思いが事務局内でも噴出していった。

そのような中、私はその〝違〟を、あえてより明確にするとともに、逆に学校図書館と公共図書館の〝同〟は何なのかを具体的に引き出し明確にしながら、少しずつハンドブック作成を進めていった。今あらためて振り返ってみて、この違いや同じを明確にする作業が非常に大切であったと思う。学校図書館と対比することで、自分たち公共図書館の役割を深く認識することができたのではないか。ハンドブック作成は学校図書館支援から出発したが、ブーメランのように公共図書館のためになる取組になっていったのである。

(2) 役に立つ、すぐに使ってもらえるハンドブックに

より具体的に学校図書館の現状・課題を知り、それらを基にして内容を充実させれば本当に役に立つハンドブックとなると考え、まずは学校図書館視察から始めた。作成委員が勤務する学校を主な視察先とし、その他学校図書館協議会や市町村立図書館職員から推薦された学校も視察していった。学校図書館内を実際に見るだけでなく、学校図書館専任職員（主に学校司書）、学校図書館担当職員（図書館主任や図書委員会担当教員）、学校管理職に分けてインタビューやアンケート調査を行っていった。その際に出された課題等は、次頁資料のとおりである。ここで明らかになった現状・課題をもとに、どのような情報をハンドブックに盛り込めばよいかを検討し、掲載内容や全体の構成を決定していった。

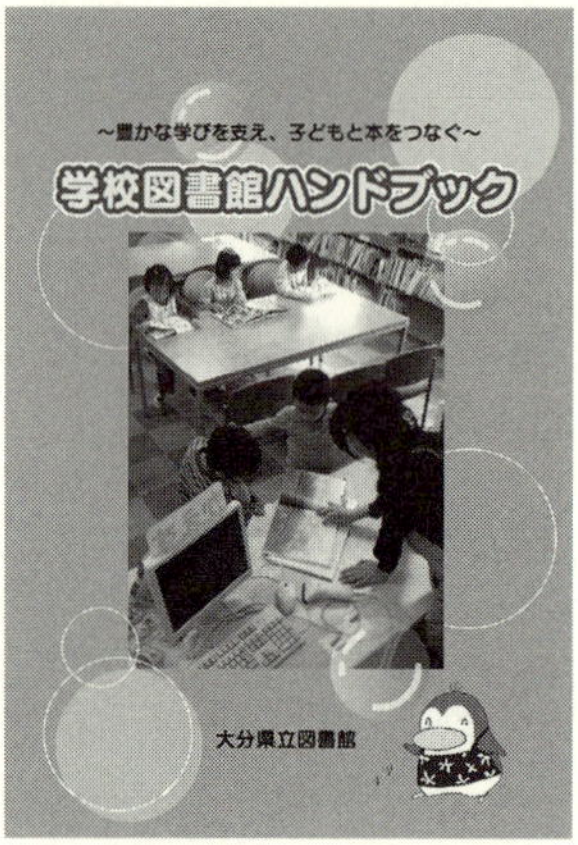

学校図書館ハンドブック表紙

また、学校図書館支援活動や学校図書館との連携が進んでいる県内の市町村立図書館を訪問・取材し、その支援・連携の実際をハンドブッ

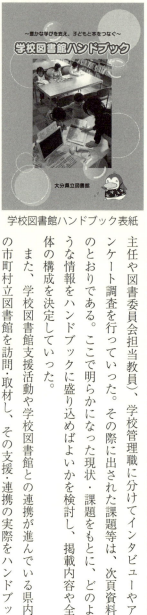

クで紹介することで、市町村立図書館はどのように学校図書館を支援することができるのか、参考となるページも盛り込んだ。

さらに、すぐに使えるハンドブックにしたいということで、親しみやすいデザインと手に持ちやすい大きさ、知りたいページにすぐにたどりつけるインデックス等、その形態にもこだわりをもって作成した。このこだわりが、果たして本当に役に立っているのかという思いがあったが、つい先日、ある小学校を視察する機会を得、早速その学校図書館を訪れてハンドブックを探してみた。ハンドブックが世に出て四年も経っているため、きっとどこにあるかわからないだろうと予想していたが、その予想は見事に裏切られた。カウンターに使い古されたハンドブックを見つけたとき、驚きとともに今でも使ってもらえていると知り大変嬉しかった。

（3）足で運び、手で渡す

二〇一一年一月にハンドブックは完成した。大

学校図書館関係職員の抱える課題等について

２２年７月２日 現在

【学校図書館専任職員】

①分類の仕方

番号の取り方に悩む。　３・５・６類が難しい。　指針のようなものが欲しい。　ネットを使った分類の検索方法を知りたい。

②配架の仕方

③子どもと本をつなぐ手法等について

読み聞かせにおすすめの本を知りたい。　ブックトークなど子どもと本をつなぐ手法について知りたい。　読み聞かせのスキルアップをしたい。「何かおもしろい本は？」とたずねられた時にすすめたい本が見つからない。

④蔵書管理・運営の方法

蔵書構成のあり方、選書（ネット検索方法等含む）、廃棄・除籍の仕方、修理の仕方

⑤レファレンス（調べ学習のサポート）について

資料が足りない。　各学年の年間カリキュラムを知りたい。（突然に学級担任から頼まれることが多く、対応が難しい。）

⑥読書まつり・集会などの行事について

⑦「図書館だより」の作り方・出し方について

⑧図書委員会の児童・生徒の指導のあり方

⑨先生方との連絡・連携のとり方

学校司書としてどこまで入ってよいかが難しい。授業研究などに図書館を活用して欲しいが、職員会議や校内研修に入れない。

⑩研修について

研修を受ける機会がない。　市外の学校司書との情報交換の場を知りたい。他校の先進事例を知りたい。

⑪子ども理解について

子どもとの関わり方がよくわからない。　図書館登校や学級に入れず図書館で過ごしがちな子の対応の仕方が難しい。　清掃時間に清掃の指導が難しい。

経験年数によって、抱える課題はまちまちである。図書館運営の具体的な事柄についての課題がひとり職であるため、他校の学校司書との情報交換によって、また善人所の仕事を踏襲して課題の解決に取り組んでいる。

【学校図書館担当職員】

⑫図書館利用案内・利用指導について

子どもに調べたいものをどの本で調べればよいのかを指導するのが難しい。　低学年に分類番号を教えるのが難しい。

⑬調べ学習について

全員が調べたいときに、資料の数や種類が足りない。　子どもの使いやすい本があまりない。　どのようにサポートしてよいかわからない。3年生の地域学習に資料にいつも苦労している。子ども向けの県内の歴史解説書・偉人伝・昔話などの資料提供をしてほしい。

⑭読書行事の企画や開催について

⑮学校司書（図書館専任職員）との連携

⑯図書委員会の運営

図書主任と図書委員会担当職員にずれがあり、なかなか委員会運営に連動できない。

⑰蔵書購入と除籍

年齢に応じた選書を学びたい。

⑱本の分類と配架について

⑲書架整理と管理

⑳公立図書館との連携について

学校に有用な公立図書館の様々なサービスをもっと知らせて欲しい。

学級担任をしながらの図書館担当は、超多忙化の中図書館運営になかなか時間をとることができないでいる状況が多かった。このような中、新たに図書館担当になった教師は、何から始めてよいか分からず、結局前任者の仕事を踏襲して図書館運営に携わっている。また調べ学習において資料が不足しているという声が多かった。

【学校管理職】

㉑司書教諭、図書館担当職員、学校司書の校務分掌がはっきりしない。

学校図書館の活性化を急務として、学校司書を配置する市町村が増えつつあるが、そのことでこれまで図書館担当職員が務めてきた業務と学校司書の業務や司書教諭の業務内容について、明確なとらえ方が定着できていない。

学校図書館関係職員の抱える課題等について
（「学校図書館ハンドブック作成委員会」資料より）

分県では、作成した冊子は業者により県内小・中学校へ届けられるという手順が通例となっている。しかし、このハンドブックは「届ける」ことにもこだわった。「業者によって届けられる印刷物は、見てほしい人の目にはなかなか届かない。口コミ・手渡しが一番効果的！」という考えを筆者はもっていたため、完成したハンドブックは、県内一八市町村に県図書職員が足で運び、手で渡すことにこだわった。各市町村では毎月校長会が開催されている。その会場に冊子を持ち込み、無理をお願いして「県図書からのお知らせ」と題し、活用ガイダンスを行いながら配付していったのである。ここでは、直接校長からハンドブックに対する意見を聞くことができ、大変貴重な機会となった。手渡し作戦の効果か、前述のように現在でも図書館カウンターに置かれ活用されている。また、今でも県内外から冊子の問い合わせがあるとのことで、感慨深いものがある。

おわりに

私はこのハンドブックを作成した翌年に異動となったが、ハンドブック作成後、県図書ではインターネットによる協力貸出を小・中学校にも拡大させるなどその直接的な支援を拡充している。また、ある市立図書館では、ハンドブックを参考に司書と学校司書の会議が定期的にもたれるようになったとも聞いている。ハンドブック誕生により公共図書館と学校図書館のつながりは、徐々に深まり広がっているように感じている。

しかし、このハンドブックは誕生して来年で五年を迎える。掲載されている情報も古くなり、かつ、何よりも大分県内の公共図書館と学校図書館のつながりは、当時よりも格段に進んでいることから、新しい公共図書館と学校図書館の連携・協力の在り方を模索するハンドブックが新たに生み出されること望んでいる。もし、そのとき、再び社会教育主事として参加する機会が得られるならば、ぜひとも同じ志をもつ仲間と一緒に汗を流したい。

北広島市の図書館ネットワーク

元北広島市立図書館長　新谷 良文

北広島市は、二〇〇六年に第一次「子どもの読書活動推進基本計画～育てよう！ きたひろの読書の樹～」[※1]を策定し、市図書館内に「学校図書センター」を開設、市内全小中学校と市図書館をひとつのシステムで結ぶ基盤整備事業を開始した。学校教育課と図書館の教育委員会内連携により、公共・学校の館種を超えた市内の図書館ネットワーク事業が軌道に乗ることとなった。北広島市図書館の開設が一九九八年。その四年後の二〇〇二年から学校図書館充実の取組を開始したが、周囲の図書館関係者からは、「よくやるね。」「そんなの図書館の仕事じゃないでしょう。」などと嫌味を言われたが、その後わずか四年で公共図書館と学校図書館との連携は市民権を得てしまう。市立図書館のサービス形成過程としては異常に速い展開であり、大変な追い風の状況に船を出してしまった分、急速な成長に見られるような見落としもあると思われ、あらためて経緯を記してみたい。

「何とかならないか？」

市民待望の図書館がオープンし、利用も順調に進むと、多くの方から学校図書館についての相談が増えた。市議会議員の方、教育委員会、学校、果ては当時小学生だった私の娘にまで、「学校の図書館何とかならないの？」と言われる始末。「どこをどうしたい」ではなく、一様にみんな「何とかならないか？」という相談であった。

学校図書館を所管する学校教育課に図書館の専門家が在籍しているわけではないので、それも無理からぬことと思い、二〇〇一年、市内小中学校の図書館をすべて見て回り、結果をレポートとしてまとめた。もちろん、このレポートは非公開にしたが、「何とかする」ための二本の大きな柱を定め、事業を計画し、予算取りを始めた。

豆次郎（児童図書学級巡回事業）

本がない、人がいない、金もない上、理解もない。という四重苦の学校図書館は、すでに「改善」のレベルではなく、「蘇生」に近い。正攻法のやり方では膨大な資金と労力が必要になり、万が一それができたとしても、果たして学校全体がそれを活かせるかどうかは別の問題であると感じた。

そこで始めたのが三五冊の新しい本が入った木箱を市内小学校の全学級に配置し、一か月単位で学級間を、四か月単位で学校間をローテーションし、六年間で同じ本が回らないようにするという巡回事業で、愛称を「豆次郎」とした。各教室で展開されることで、図書担当の先生だけでなく教職員全体が関わる事業となり、子どもの読書活動に対する教職員の理解を深める動機ともなった。初年度は四校分を新規事業として予算要求をしたが、あっさりとゼロ査定。復活もゼロ査定であったが、最後の三役会議で当時の教育長が踏ん張ってくれたことで実施に成功。以後、三か年をかけて全小学校で完全実施され、現在約一五〇箱、約五〇〇〇冊が市内九小学校を巡回している。

ちなみに、わが娘の在籍する学校に「豆次郎」が来たのは最後の年度となった。「どうしてウチは豆次郎が最後なんだろうねえ」と担任の先生が私の娘の顔を恨めしそうに見て、嘆息されたそうである。

豆次郎総点検中

豆太郎

主に中学校図書館のリニューアル事業を行う。読書のバリエーションが広がっていく中学生では学校図書館のリニューアルが必要となる。最初の中学校では、教員・生徒とともに大量の古い図書を廃棄し、棚を空けるところから始めたのだが、のちに学校図書標準冊数との関係で教育委員会よりお叱りを受けた。幸い、この学校はかなりの冊数を廃棄しても標準冊数はクリアしており、事なきを得たが、この標準冊数の規定は本の内容や質を問題としていないため、排架や資料購入費獲得の大きな障害となっている。図書館法や大学図書館の設置基準などは既に一律の冊数規定を廃止しており、学校図書館も基準の見直しを検討してほしいものである。

本来、小中学生が棚から本を手に取ることができる高さで一万冊程度を配置し、かつ一学級全員が入る閲覧スペースを取ろうとすれば、それ相応の広さが必要である。しかし、学校図書館に面積の基準はなく、多くの学校はその広さを想定して建てられていない。北広島市もその反省を活かし、学校の移転新築や大規模改修の際は、必ず図書館員がレイアウトを行うこととし、現在、小学校八校中六校、中学校五校中三校までが学校図書標準を上回る仕様で改築が行われている。

西部小学校

北広島には、西部地区という人口三〇〇〇人の集落があり、そこの小学校が新築・移転する際、学校図書館の開放を決めた。その際、手狭であった市図書館の分室と融合させて整備を行うこととし、設計段階から一般利用者の独立した出入口を設けるなどの配慮を行い、二〇〇五年一二月、北広島市図書館西部小分館および北広島市立西部小学校図書館という二つの顔を持つ図書館が誕生した。スタッフは、公共と学校の両方の性格を併せ持つ司書として働いている。北広島市は平成二六年度より、三名の学校司書が中学校図書館を巡回している。まだ小学校には及んでいないが、西部小学校は非常に恵まれた環境にあり、年間の児童一人当たりの貸出冊数も五〇冊以上というハイレベルで、かつ「豆次郎」もよく活用されている。

学校図書センター事業

以上のような事業を並行して進め、もはや北広島市の学校図書館は「何とかする」という段階ではなくなった。現在は、蔵書の計画的更新、専門スタッフの配置によるカウンターワークと選書スキルの向上、学習センター機能の強化という課題が明確になっており、それらの進捗をコントロールするための学校図書センターを立ち上げ、専任司書を配置し、学校司書スタッフを監督下に置いている。

センターの具体的な事業としては、市内全校の図書の発注・受入業務を代行し、新着図書は各校用に装備された状態で納入される。蔵書データはセンターが一元管理し、学校に届いた本はバーコードラベルをスキャンするだけで即日使用可能になるなど、市内小・中学校の図書館担当教員（司書教諭）は、煩わしい事務事業から解放され、運営（選書や活用）に集中できるようになり、またセンターは整備や運営に関する相談や授業協力の窓口となり、各校の改善事例なども共有できる体制が整備された。

最後に

一九九七年の学校図書館法改正による司書教諭配置の実施は、まったく機能しないであろうと読んだのは私だけではないと思う。そのような状況で校長は自校の教育活動に資する学校図書館経営の責任者とならなければならないが、それは大きな負担になってこよう。

また、教育委員会の学校教育を所管する部署に司書が配置される気配はなく、それどころか教育委員会自体が市長部局との一体化に向けて動き始めている。様々な校経営責任が課せられる学校長と、事務的な処理傾向の強い市長部局行政職員の二者のみで、今後配置される学校司書の指導監督や育成が可能とは考えづらい。今後、地域の図書館には、学校図書館の将来的な経営管理までサポートするような役割が求められよう。

まさに、「困ったときには図書館へ」というセリフが教育関係者や自治体関係者にも受け入れられるよう地域の図書館も成長し続けなければならないと考えている。

北広島市は、いち早く教育委員会が内部統一を図り、公共図書館と学校図書館との連携を築き、学校図書センターを立ち上げ、専任司書を配置するにいたった。そのようなオリジナリティを持つがゆえに、この度の学校司書配置の法制化のような先行き不透明な制度化にも惑わされることなく、明確な課題意識を持って事業を推進できる。彼の地を離れた我が身には羨ましいばかりの環境で、そのオリジナリティはまちの大きな財産であり、ぜひ大切に育てていってもらいたいと願っている。

注

※1　北広島市図書館ホームページ「図書館の活動」に掲載中。https://www.educ.city.kitahiroshima.hokkaido.jp/hp1/0910/09101.html

あとがき

図書館海援隊に学校図書館部隊はありません。しかし、図書館海援隊と志を同じく、学校図書館が学校教育に不可欠な設備であり、その機能を十分に生かすことで学校教育の充実が図れるとして、日夜、努力を重ねている学校図書館員は、六五年前にもいたし、現代にも日本各地にいるのです。かつて神代浩隊長に、学校図書館が図書館海援隊に参加できないのは大変残念だと申し上げたことがあり、「なんとか、考えましょう。」と即答くださってから数年、今回、出版という形をもって約束を果たしてくださいました。心より感謝申し上げます。

神代氏が第Ⅰ部で、学校図書館の戦後の歴史を社会教育からの視点で読み解いてくださったことで、学校図書館が図書館でもあり、学校でもあるという二つの側面から経営していかねばならない運命と再確認することができました。しかしながら、学校図書館は、まずは「図書館」の仕組みを確立せねばなりません。その仕組みが整い、資料を収集し、利用者の「探す」「借りる」「相談する」ができるようになって初めて、「教育課程の展開に寄与する」（学校図書館法第二条）という目的が達成できるのです。利用者は子どもと教員です。第Ⅱ部をお読みになれば、現場の学校図書館員たちがいかに教員にも心を配ってアプローチしているかを、おわかりいただけたことでしょう。さらに、ＡＡＳＬの一九八九年と九八年に相次いでだされた米国の学校図書館基準「インフォメーション・パワー」や、二〇〇九年にだされた「二一世紀を生きる学習者のための活動基準」にも目を通していただけたら幸いです。これらにより、子どもの情報リテラシーを育成するプログラムをどのように提供していくか、生涯学習の基盤をどう培っていくのかを今後も探っていくのだと理解できると思います。

第Ⅱ部の構成は、校種別にも、司書教諭と学校司書の職種別にもしませんでした。学校図書館を開拓する挑戦者として、志を同じくする者の実践としてまとめさせていただきました。これぞ「海援隊の志」です。第Ⅱ・Ⅲ部では、学校図書館の可能性を追求している三五名の実践と取組を、それぞれの出会いと物語という形で書いていただくことができました。学校図書館は校内では授業をデザインする教員と、校外では公共図書館、美術館・博物館など、社会教育機関と協働して、子どもたちを育み、導くことができると信じています。

「みんなでみんなを育てる」は、学校図書館大賞を取った鶴岡市立朝暘第一小学校元校長である竹屋哲弘先生の言葉ですが、今なお「学校」という狭い空間で働く私を励まし、広い視野を与え、支え続けてくれています。

三五名の執筆者の多くは私が一九九八年に社会復帰した後、学校図書館を学ぶ多くの研究会や学会、図書館総合展などで出会ってきた方々、およびその友人たちです。この一七年間、現場は遠く離れていても、学び合い、意見交換もし、時にアドバイスもいただいてきた同志ともいうべき方々です。ご多忙の中、短い執筆期間、限られた紙面でご無理をお願いしましたが、快くお引き受けくださり、深く感謝申し上げます。お一人お一人の実践はそれだけでも単著になるような方々であり、ぜひとも、関連著作や資料をあわせてお読みいただけましたら幸いです。彼らに出会わせてくださった研究者の方々に御礼申し上げます。また、素晴らしい実践をされている方々は他にもたくさんおいでです。続編企画が実現することがあれば、ぜひご登壇していただきたく思っております。

神代隊長の「図書館海援隊本の学校図書館編をつくりたい。」という企画を実現してくださり、私にも機会をくださった悠光堂の佐藤裕介さん、そして三五名という多くの執筆者とのやり取りを、時にお叱りや応援を頂戴しながらまとめていって下さった冨永彩花さん、岩岡潤司さん、大変お世話になりました。厚く御礼申し上げます。

二〇一五年一〇月

中山　美由紀

執筆者一覧

◆編集代表

神代　浩　（図書館海援隊長、元文部科学省社会教育課長、現文部科学省科学技術・学術総括官兼政策課長）

中山　美由紀　（東京学芸大学附属小金井小学校司書）

◆執筆者（掲載順）

第Ⅱ部

赤木　裕朗　（神奈川県相模原市教育委員会指導主事、元相模原市立大沢小学校総括教諭）

山本　みづほ　（元長崎県佐世保市立大野中学校司書教諭）

押木　和子　（新潟県立新潟高等学校司書教諭）

和田　幸子　（千葉県袖ケ浦市立昭和小学校司書）

山本　敬子　（小林聖心女子学院専任司書教諭）

頭師　康一郎（大阪府豊中市立桜井谷東小学校図書館専任職員）
青山　比呂乃（関西学院千里国際中等部高等部専任司書教諭）
宮﨑　健太郎（埼玉県立新座高等学校司書）
塩谷　京子（放送大学客員准教授、元関西大学初等部中等部司書教諭）
片岡　則夫（清教学園中学校高等学校探究科教諭、学校図書館リブラリア館長）
伊藤　史織（玉川学園マルチメディアリソースセンター専任司書教諭）
田揚　江里（元東京都狛江市立緑野小学校司書教諭）
佐藤　敬子（元北海道札幌市立発寒中学校司書教諭）
高橋　和加（鳥取県立鳥取西高等学校司書）
樋野　義之（島根県安来市立十神小学校司書教諭）
遊佐　幸枝（東京純心女子中学校専任司書教諭）
鴇田　道雄（千葉県袖ケ浦市立昭和小学校長）
勝山　万里子（茨城県立水戸第二高等学校司書）
澤田　英輔（筑波大学附属駒中学校高等学校司書教諭）
河野　隆一（関西学院中学部司書教諭　読書科担当）
渡邊　有理子（東京学芸大学附属国際中等教育学校司書）
有山　裕美子（工学院大学附属中学校高等学校専任司書教諭）
生井　恭子（東京都立墨東特別支援学校主任教諭）
児島　陽子（鳥取大学附属特別支援学校司書教諭）

三谷 智恵子（島根県松江市立大庭小学校教諭）
石井 みどり（元神奈川県横浜市立盲特別支援学校司書）
牧野 綾（調布デイジー代表）
永利 和則（福岡県小郡市立図書館長）
富永 香羊子（千葉県市川市教育委員会教育センター指導主事）
高宮 光江（国立国会図書館国際子ども図書館 児童サービス課 児童サービス企画係）

第Ⅲ部
大野 浩（島根県立図書館 資料情報課 郷土資料・調査係長）
磯谷 奈緒子（島根県海士町立中央図書館 図書館主任）
縄田 早苗（元大分県立図書館 企画・資料課 社会教育主事）
新谷 良文（北海道釧路市立釧路図書館長、元北広島市立図書館長）

編集代表紹介

神代 浩

図書館海援隊長、元文部科学省社会教育課長、現文部科学省科学技術・学術総括官兼政策課長

一九六二年大阪市生まれ。一九八六年東京大学法学部卒、文部省（当時）入省。二〇〇九～二〇一〇年文部科学省生涯学習政策局社会教育課長。在任中に住民の課題解決支援を積極的に推進する有志のネットワーク、図書館海援隊を立ち上げる。その後国立教育政策研究所教育課程研究センター長、初等中等教育局国際教育課長、文化庁文化財部伝統文化課長を経て、現在科学技術・学術総括官兼政策課長。二〇一四年六月よりビジネス支援図書館推進協議会理事。同年一〇月『困ったときには図書館へ～図書館海援隊の挑戦～』（悠光堂）を刊行。

中山 美由紀

東京学芸大学附属小金井小学校司書

東京都生まれ。一九八二年東京学芸大学教育学部初等教員養成課程国語選修卒。私立高等学校専任司書教諭退職後、一九九八年より千葉市学校図書館指導員、二〇〇四年より東京学芸大学附属小金井小学校の非常勤司書として現在に至る。学校図書館専門員の役割は教員とともに、図書館の機能をもって子どもを育てることであるとして、実践に取り組む。現在、司書教諭講習講師。複数の大学非常勤講師、東京学芸大学学校図書館運営専門委員会委員、日本図書館協会代議員、日本子どもの本研究会会員、図書館情報学会会員。

困ったときには図書館へ 2
学校図書館の挑戦と可能性

2015年11月20日　　初版第一刷発行

編　著　　神代 浩　中山 美由紀
発行人　　佐藤 裕介
編集人　　冨永 彩花　岩岡 潤司
発行所　　株式会社 悠光堂
〒104-0045　東京都中央区築地 6-4-5
シティスクエア築地 1103
電話　03-6264-0523　FAX　03-6264-0524
デザイン　ash design
印刷・製本　株式会社シナノ

ISBN978-4-906873-51-7　C3000